L'HONNESTE-HOMME.

OV,

L'ART DE PLAIRE
A LA COVRT.

PAR LE SIEVR FARET.

A PARIS,

Chez Toussaincts du Bray, ruë sainct
Iacques, aux Epics meurs.

M. DC. XXX.

AVEC PRIVILEGE DV ROY.

A MONSEIGNEVR
FRERE VNIQVE
DV ROY.

ONSEIGNEVR,

Si la gloire des Grāds Princes pouuoit souffrir quelque comparaison, ie dirois que ie vous offre vne image de ces excellentes qualitez que l'on voit ordinairement reluire auec plus d'éclat

en ceux qui font deſtinez, comme VOSTRE ALTES-
SE, à commander aux autres
hommes. Toutesfois, MON-
SEIGNEVR, lors que ie
côſidere que LE FEV ROY
VOSTRE PERE, aprés
auoir juſtement merité tous les
tîtres les plus auguſtes que la fla-
terie des Anciens ſouloit donner aux Maiſtres de la terre,
trouuoit le comble de ſes loüanges à eſtre eſtimé le plus HON-
NESTE-HOMME de
ſon Royaume; Ie prens vn peu
plus hardiment la liberté de dire qu'en vous preſentant ce Li-

ure, ie vous preſente comme vn pourtrait de vous meſme. C'eſt la premiere recognoiſſance que ie vous rends , MONSEI-GNEVR, de tant de fauora-bles accueils dont vous auez dai-gné m'obliger toutes les fois que j'ay eu l'honneur de me pre-ſenter deuant VOSTRE ALTESSE. Vous eſtes éle-ué à vn ſi haut point de Gran-deur , que vous voyez preſque tout le Monde au deſſous de vous ; & n'y en a gueres ſur qui vous vouliez ſeulement baiſſer les yeux pour les regarder , qui ne reſſentent que cette faueur ajoufte vne glorieufe marque à leur condition. Cependant, MONSEIGNEVR, vous fçauez vfer de cet auātage auec tant de moderation , qu'il n'y a point d'efprit fi rude , que la douceur du voftre ne furmonte. Cette agreable & familiere communication qui rend vos moindres actions charmantes, femble vouloir difputer de l'Empire du monde auec voftre naiffance. Si bien que partageants enfemble cet auantage, l'vne eftend fon authorité fur la moins noble partie dont les hommes font compofez, &

l'autre se reserue le pouuoir de triompher des ames, & faire fléchir deuant soy les volontez les plus rebelles , & les plus indontables. Et certainement il faut que cette bonté extraordinaire auec laquelle vous gaignez tant de cœurs vous soit extrémement naturelle, puis que VOSTRE ALTESSE l'a bien voulu laisser descendre jusques à moy , qui n'ay de nom ny de merite que par la seule gloire que j'ose m'attribuer de ne luy estre pas tout a fait inconneu. Ie sçay bien que les plus grands efforts que sçauroiét faire les perfonnes de fi peu de confideration que moy , pour témoigner leur reffentiment à ceux qui comme vous , MONSEI-GNEVR , font nays pour le falut & la profperité des peuples,ne font que de vifibles preuues de leur foibleffe. Auffi eft-ce la plus éclatante marque de diuinité que l'on voye reluire aux Puiffances Souueraines ; que cette humble reconnoiffance auec laquelle tout le monde confeffe ne pouuoir jamais affez dignement reuerer leurs graces & leurs bien-faits. En effet, nous n'auons que les vœux

&

& les soumissions libres pour reparer en quelque façon le defaut de nostre pauureté;& comme la magnificence de vostre fortune ne souffre point de reuanche, la misere de nostre condition nous excuse , en nous en ostant les moyens. Pour moy, MONSEIGNEVR, tout ce que je puis pour ne demeurer pas tout à fait ingrat , c'est de témoigner que le FILS & le FRERE des deux plus Illustres Monarques qui jamais ayent porté Couronne, est plus digne de l'amour & des respects de toutes les Nations , que pas vn de ceux dont le genre humain a fait autresfois ses delices. I'ajousterois bien à cette verité le denombrement de tant de Vertus qui vous font admirer de toute la terre ; mais elles sont trop releuées , & en trop grand nombre , pour pouuoir estre contenuës dans ce petit espace, où la tyrannie des reigles a mis des bornes si étroittes. Que si je suis contraint d'en supprimer icy les loüanges , pour le moins elles ne mourront jamais dans ma bouche , non plus que dans mon ame le ressentiment de vos faueurs , qui me seroient d'eter-

nelles reproches d'ingratitude,
si je n'estois toute ma vie,

MONSEIGNEVR,

DE VOSTRE ALTESSE,

Le tres-humble, tres-obeïssant,
& tres-fidelle seruiteur,

FARET.

A MONSIEVR

DE PVYLORENS.

ONSIEVR,

Le respect que l'on doit aux grands Princes est vne chose si sacrée, que la hardiesse de le violer ne trouue point d'excuse parmy les Nations mesmes les moins capables de discipline & de ciuilité. Leur presence fait naistre des soumissions dans les ames les plus farouches, leurs regards humilient les superbes, & leur abord fait trembler ces Sages qui s'estiment estre au dessus de la tyrannie des paßions & des outrages de la Fortune. Aussi jamais la crainte n'est de si bonne grace, que deuant ces personnes en qui Dieu semble auoir imprimé certains caracteres de sa gloire & de sa puißance. Ce n'est pas qu'ils ne rendent leur accez facile, & qu'ils ne soient bien aises de descendre quelquesfois de leurs throsnes, pour se mesler auec les autres hommes: Mais la modestie de ceux qui osent s'en approcher doit estre d'autant plus exacte, que la bonté de ceux qui sont éleuez à ces conditions éminentes se daigne rendre communicable à leur baßeße. Et à parler raisonnablement, on peut dire que comme on ne faisoit point autresfois de sacrifices aux Dieux dont les victimes n'eußent receu quelque sorte d'expiation deuant que de leur estre immolées : On deuroit de mesme estre si religieux aux presents que l'on fait à ceux qui representent en terre la grandeur & le pouuoir du Ciel, que de ne leur en offrir jamais qui n'eußent esté en quelque façon purifiez, en paßant par les

mains des perſonnes qui leur ſont agreables. Ie ne conſidere toutes ces choſes,
MONSIEVR, qu'afin de ne faire rien
d'indigne du tître de cet ouurage, au deſſein que j'ay de luy procurer par voſtre
moyen vn accez fauorable auprés de
MONSEIGNEVR. Voſtre re-
commandation en fera, s'il vous plaiſt,
ſupporter les defauts; & vous ſeul me pouuez faire trouuer auprés de SON AL-
TESSE l'art de plaire que j'entreprens
d'enſeigner aux autres. C'en ſont icy quelques preceptes generaux, qui peut-eſtre
ne ſeroient pas tout à fait inutiles à d'autres moins ſages que vous, MON-
SIEVR, de qui on peut dire hardiment
qu'en vn âge où l'on commence à peine de
n'eſtre plus ſi ſujet aux imprudences de la
jeuneſſe, vous pouuez ſeruir d'exemple à
ceux qui ont vieilly dans l'eſtude & l'experience des choſes du monde. Je ſçay bien
que le ſeul auantage d'eſtre aimé des grãds
Princes, rend dignes de quelque ſorte d'ad-

miration ceux qui le poſſedent, quand meſme ce ne ſeroit que par hazard, & par
quelque fauorable rencontre de la Fortune.
Mais lors que la Vertu s'en meſle, & ſe rend
maiſtreſſe de la conduitte de ce bon-heur,
comme elle fait en vous, MONSIEVR,
j'auoüe qu'il n'y a gueres de loüanges qui ne
ſoient bien au deſſous d'vne ſi éminente
gloire. Auſſi toutes celles que ie vous ſçau-
rois donner ſont compriſes en cette ſeule verité; & ne me reſte plus que les vœux
& les prieres que j'adreſſe au Ciel, pour
vous témoigner mon affection. Puiſſiez
vous donc, MONSIEVR, jouïr durant
le coûrs d'vne longue & heureuſe vie des
honneurs & des biens dont cette Vertu qui
vous ſert de guide taſche de vous recom-
penſer; & de ceux qu'elle vous prepare à
l'auenir: Que voſtre courage vous éleue au
plus ſublime rang des grandeurs de l'Eſtat,
& que voſtre ſageſſe vous comble de proſperitez. Aprés tout cela, ie ſçay bien qu'encore n'en aurez-vous iamais qui ſurpaſſent

voſtre merite, ny qui puiſſent égaler les con-
tentements que vous ſouhaitte,

MONSIEVR,

Voſtre tres-obeïſſant & tres-
fidelle ſeruiteur.

FARET.

L'HONESTE-HOMME:

O V,

L'ART DE PLAIRE

A LA COVR.

S I ce n'est l'ambi-
tion qui compose
entierement les
Cours des Prin-
ces, on peut dire
du moins que c'est
elle qui les enfle iusqu'à cette
démesurée grandeur, qui fait
bien souuent haïr aux Souuerains leur propre gloire, & leur

TA-
BLEAV
DE LA
COVR.

A

rend quelquesfois insupporta-
ble la pompe dont ils sont enui-
ronnez. Le desir naturel qu'ont
tous les hommes d'acquerir
des honneurs & des richesses
les engage insensiblement dans
cette belle confusion, & s'en
treuue peu qui soient assez sages pour s'empescher d'estre
surpris de cette agreable maladie parmy tant d'objects qui
la communiquent. Les Princes

Le Roy, les Prin- ces, & les Grands.

& les Grands sont autour du
Roy comme de beaux Astres
qui reçoiuent de luy toute leur
splendeur, mais qui confon-
dent tout leur éclat dans cette
grande lumiere ; Et combien
que leur clarté ne paroisse qu'à
mesure qu'ils en sont esloi-

gnez , si est-ce qu'elle n'est iamais ny viue ny pleine de lustre
qu'entant que cette premiere
source de gloire se respand sur
eux , & leur distribuë comme
de certains rayons de sa magnificence. La pluspart des au- *Les Me-*
tres se bruslent aupres de ce *diocres.*
feu plutost qu'ils n'en sont é-
chauffez , & la Fortune qui
prend plaisir à estaler sur ce
theatre les traits les plus remar-
quables de sa malice & de sa legereté , se ioüe de la ruine de
mille ambitieux , pour en esleuer vn seul au faiste du precipice qu'elle prepare presque à
tous ceux qui se laissent aueu- *La For-*
gler de ses faueurs. L'Enuie , *tune &*
l'Auarice , & l'Ambition qui la *les vices*
qui la
suiuent.

A ij

suiuent par tout, regnent particulierement auec elle auprés
des Roys, où elles attirent de
tous coftez vn nombre infiny
de ces efprits mercenaires, à
qui le déreiglement d'vne con-
uoitife infatiable ne permet pas
de fe contenir dans vne vie pleine de douceur & de tranquilité, pour les ietter dans les tu-
multes dont les grandes Cours
comme de grandes mers font
continuellement agitées. C'eft
là que ces Furies fement la haine & la difcorde parmy les plus
proches, ourdiffent des trahi-
fons de toutes parts, & font
germer des femences de baffeffe & de lafcheté dans les ames
mefmes qui naturellement n'a-

uoient que des impreſſions de
generoſité. Ce ſont elles qui inſpirent tant de deſſeins ruy-
neux, qui arment tant d'hommes les vns contre les autres,
qui deſolent de ſi fleuriſſantes
Monarchies, & enfin qui troublent tout l'ordre de la ſocieté,
& violent les plus ſainctes loix
qui s'obſeruent dans le monde.
Parmy de ſi pernicieux dan- *Neceſſi-*
gers qu'elles font naiſtre, il me *té des*
Conſeils
ſemble que ceux qui les ſuiuent ne ſçauroient auoir trop
de conſeils pour ſe garantir des
malheurs qui les accompa-
gnent; & qu'il n'y a point d'hõ-
me en vne aſſiette ſi bien affer-
mie, que l'authorité des plus
puiſſants, ou l'enuie de ſes é-

gaux, ou la malice de ceux qui font au deſſous de luy, ne puiſſent faire tomber au poinct meſme de ſes plus hautes proſperitez.

Certes c'eſt bien mon deſſein de repreſenter icy comme dans vn petit tableau les qualitez les plus neceſſaires, ſoit de l'eſprit, ſoit du corps, que doit poſſeder celuy qui ſe veut rendre

agreable dans la Cour. Mais de s'aller figurer que mes auis le puiſſent mettre au deſſus de la roüe de Fortune, ſans que les autres qui ont de meſmes projeᵃᵗs que luy le puiſſét arreſter en montant, ou l'en arracher apres qu'il y ſera monté, c'eſt vne propoſition trop ridicule

pourtomber en vn sens raisonnable. Les preceptes ne ser-
uent que de guide, & n'execu-
tent rien deux-mesmes; ils fa-
cilitent le commencement &
le progrez des choses que nous
entreprenõs, mais ils n'ont pas
la force de rien acheuer; & n'y
a que les heureuses naissances,
qui auec ces aydes estrangeres
s'esleuent iusques au comble
de la perfection dont nous n'a-
uons qu'vne grossiere idée.

Cependant pour ne troubler
pas l'ordre que ie me suis pro-
posé, d'abreger autant qu'il me
sera possible le nombre infiny
des choses qui se peuuent escrire sur ce sujet; Ie diray premierement qu'il me semble tres-

DE LA
NAIS-
SANCE.

neceſſaire que celuy qui veut
entrer dans ce grand commerce du monde ſoit nay Gentilhomme, & d'vne maiſon qui ait
quelque bonne marque. Ce
n'eſt pas que i'en vueille bannir
ceux à qui la nature a denié ce
bon-heur. La vertu n'a point
de condition affeȼtée , & les
exemples ſont aſſez communs
de ceux qui d'vne baſſe naiſſance ſe ſont eſſeuez à des a-
ȼtions heroïques, & à des grandeurs illuſtres. Neantmoins il

Des a-
uantages
de la
Nobleſſe

faut auoüier que ceux qui ſont
de bon lieu ont d'ordinaire les
bonnes inclinations , que les
autres n'ont que rarement, &
ſemble qu'elles arriuent à ceux-
cy naturellement, & ne ſe ren-

contrent

contrent aux autres que par
hazard. Il se coule auec le sang
de certaines semences de bien
& de mal, qui germent auec le
temps dans nos ames , & font
naistre en nous les bonnes &
les mauuaises qualités qui nous
font aymer ; ou nous rendent
odieux à tout le monde. Ceux
de qui les Ancestres se font
rendu signalez par de memo-
rables exploits, se treuuent en
quelque façon engagez à suiure le chemin qui leur est ouuert : Et la Noblesse qui comme vne belle lumiere esclaire
toutes leurs actions, les excite
à la vertu par ces exemples do-
mestiques, ou les retire du vice
par la crainte de l'infamie. Et

certes, comme ceux qui ſont
nez dans le peuple, ne penſent
pas eſtre obligez de paſſer plus
auant que ceux de qui ils ſont
ſortis ; de meſme vne perſonne
de bonne maiſon croiroit eſtre
digne de blaſme, ſi du moins elle ne pouuoit paruenir au meſme degré d'eſtime ou ſes Pre-
deceſſeurs ſont montez. l'ad-
iouſte à cela l'opinion d'vn excellent Maiſtre en cette ſcience, qui dit que c'eſt vn charme
tres-puiſſant pour gaigner d'a-
bord la bonne opinion de ceux
à qui nous voulons plaire, que
la bonne naiſſance : Et n'y a
nulle doute que de deux hommes également bien faiɛts, qui
ſe preſenteroient dans vne có-

pagnie, fans auoir encore donné aucune impreffion d'eux,
qui fift conoiftre ce qu'ils pourroient valoir; lors que l'on vien-
droit à fçauoir que l'vn eft Gentilhomme, & que l'autre ne
l'eft pas, il faudroit que ce dernier mift beaucoup de temps,
deuant que de donner de foy
la bonne opinion que le Gentilhomme auroit acquife en vn
moment, par la feule connoiffance que l'on auroit euë de
fon extraction. Outre ces raifons, ie dis encore apres tout,
que les préeminences qui font
attachées à la Nobleffe font fi
grandes, qu'vne perfonne de
bon fens & de bon cœur qui fe
trouueroit embarquée auec

vn vent fauorable dans la Cour
fans auoir cét aduátage, pourroit tomber tous les iours en
mille occafions de rougir & de
baiffer les yeux. Il eft bien vray

De l'heu-
reufe
naiffan-
ce, de la
mauuai-
fe, & de
la me-
diocre.

qu'en toutes fortes de conditions il s'en rencontre, qui par
vne fecrette faueur du Ciel ont
le bon-heur de naiftre accom-
pagnez de tant de dons de l'a-
me & du corps, qu'il femble
que la nature mefme ait pris
plaifir à les former de fes propres mains, & à les enrichir de
toutes les graces les plus charmantes & les plus capables de
gaigner les volontez. De mefme qu'il s'en trouue auffi de fi
malheureux qu'on diroit qu'ils
foient iettez comme par force

dans le monde, où qu'ils ne
soient faicts que pour seruir
d'obiects de risée aux autres
hommes. Comme ceux-cy a-
uec tous leurs soins & toute
leur diligence ont beaucoup de
peine à faire en sorte que pour
le moins on les puisse souffrir : Les autres au contraire
ont vne facilité si grande a faire le bien, qu'auec vn mediocre trauail, & presque sans y
penser ils deuiennent excell-
lents en tout ce qu'ils entre-
prennent & se rendent agreables à quiconque a des yeux
pour les regarder. Entre ces
deux extremitez, il se trouue
encore vn milieu de ceux qui
n'ont pas receu d'extraordinai-

res faueurs de la nature, mais
auſſi qui n'ont point de remar-
quables imperfections; Et ceux
là peuuent auec l'ayde des preceptes, & par des ſoins aſſidus
corriger leurs defauts, & meri-
terà la fin l'eſtime de ceux qui
la donnent. De cette eſtime
naiſt auſſi toſt cette bonne volonté que nous voulons que
noſtre Honeſte homme ſçache
gaigner par tout où il ſe ren-
contrera : Mais pour parue-
nirà ce point, ie trouue que le
plus aſſeuré moyen eſt de preuenir les opinions de ceux de
qui nous deſirons eſtre aymez.
C'eſt icy l'vn des plus hauts mi-
ſteres de noſtre Art, & qui ſe
deſcouurira en ſon lieu, apres

que i'auray reprefenté les principales qualitez que doit auoir
celuy qui pretend paffer pour
honefte-homme deuant tant
d'yeux dont l'on eft éclairé à la
Cour, & parmy vn fi grand
nombre d'efprits delicats, à qui
les defauts les plus cachez ne
le fçauroient eftre long-temps.

Il me femble donq que comme la bonne naiffance ne fuffit
pas fi elle n'eft heureufe, ny l'v-
ne, ny l'autre ne profiteront de
gueres fi elles ne font foigneufe-
ment cultiuées. Or comme il
n'y a point d'hommes qui ne
choififfent vne profeffió pour
s'employer, il me femble qu'il
n'y en a point de plus honefte,
ny de plus effentielle à vn Gen-

De la
profef-
fion du
Gentil-
homme.

til-homme que celle des armes.
Il y doit eftre adroit & ardent
& s'y attacher comme à vne
chofe de laquelle il doit faire
fon ordinaire exercice. La plus
part des autres chofes qui luy
font requifes, ne font eftimées
neceffaires qu'entant qu'elles
feruent d'ornement à celle-cy,
& qu'elles luy peuuent donner
quelque luftre, pour la faire reluire auecques plus d'efclat.
C'eft par les armes principale-
mét que la Nobleffe s'acquiert,
c'eft par les armes auffi qu'elle
fe doit conferuer, & s'ouurir le
chemin à la grande reputation,
& de là aux grands honneurs.
Il me femble donc que la plus
forte ambition que doiue auoir

Qu'il doit eftre

celuy

celuy qui porte vne espée, est *homme de bien.* d'estre estimé homme de cœur & hardy, & en suitte d'estre creu homme de conduitte & homme de bien. Et de faict ceux qui ioignent la malice à la valeur, sont ordinairement redoutez & hays comme des bestes farouches, pource qu'ayant le pouuoir de faire du mal ils en ont aussi la volonté: Mais ceux de qui le bon courage est accompagné de bonnes intentions, sont aymez de tout le monde, & considerez comme des Anges tutelaires, que Dieu tient parmy nous pour les opposer aux oppressions des meschants.

Cependant comme il n'y a *Qu'il doit estre*

C

personne qui ne soit jaloux de sa reputation, sur tout aux choses de sa profession, à combien plus forte raison vn Gentilhomme se doit-il picquer de celle de ses armes, qui sont les veritables marques de sa Noblesse? C'est là qu'il doit estre exact sans estre pointilleux : car comme l'honnesteté d'vne Dame ayant vne fois esté souillée de quelque tache, ne peut iamais retourner à sa premiere pureté : De mesme il est comme impossible que l'estime d'vn Soldat, apres auoir esté ternie de quelque lascheté, se puisse si bien remettre qu'il ne reste tousiours quelque chose à luy reprocher :

Aussi aux ocasions d'honneur comme aux grandes condui-tes de la guerre il n'est pas per-mis de faillir deux fois. Mais Des que-relles. ce point est si chatoüilleux, que la pluspart des ieunes gens, ou à faute d'experience, ou par trop d'ardeur ; & les autres, ou à faute de bon sens, ou par caprice se perdent par cette malheureuse voye. Par Contre les que-relleurs. là nous voyons tous les iours que les loix diuines sont pro-phanées, que l'authorité des Ordonnances est violée, & que la Clemence de nostre victo-rieux Monarque est quelques-fois contrainte de ceder à sa Iustice. Le plus salutaire reme-De l'in-telligen-ce des querelles de que ie sçache à ce mal, que l'on pourra nommer incurable à l'auenir, si cette guerison n'eſt miſe au nombre des miracles du Roy, c'eſt à mon auis d'aprendre de bonne heure l'intelligence des querelles, dont on a fait comme vne eſpece de ſcience à force de les rafiner. La pluſpart de ceux qui ſe precipitent dans cette fureur brutale, le font ordinairement de peur de n'en faire pas aſſez, dans l'ignorance & l'incertitude où ils ſe treuuent s'ils ſont obligez d'en venir à cette extrémité, ou non : Ainſi pour n'entendre pas quels ſont les degrez d'offence qui meritent ces ſanglantes ſatisfactions, on ne voit qu'e-

xemples d'extrauagance, &
de bijarrerie dans les querelles, & pas vn seul rayon de ce
vray honneur, qui est le plus
precieux trefor de la Noblef-
se. C'est l'vn des plus insupor-
tables abus qui se soient cou-
lez dans nostre siecle, de s'e-
stre figuré, comme on a fait,
que la pure & heroïque valeur ne consiste seulement qu'à
se battre; comme si cette vertu n'auoit son exercice qu'en
la destruction du genre humain : Elle a des effects bien
plus releuez, & l'on peut dire qu'elle s'estend presque sur
toutes les plus glorieuses a-
ctions de la vie. l'estallerois
bien volontiers cette matiere

mais mon sujet me rappelle.

Ie diray donc qu'aupres de cette excellente partie, il se rencontre ordinairement vn vice qu'on diroit estre inseparable d'auec les qualitez eminentes, & qui presque tousjours gaste tout le bon fruict qu'elles produisent. C'est cette folle vanité dont la pluspart des hommes se laissent enyurer, iusques à perdre l'vsage de la raison. Ce deffaut est odieux, & rend digne de mespris ceux qui d'ailleurs meriteroient de grandes loüanges, s'ils auoient la patience d'attendre qu'on les leur donnast volontairement, sans les arracher, ou les vouloir obtenir

par force, comme ils font prefque touſiours. Pluſieurs de nos
Vaillants s'imagineroient ne
l'eſtre point, s'ils ne faiſoient
mille grimaces, & mille conte-
nances farouches & ridicules
pour eſpouuanter tout le monde, de qui ces pauures gens ſe
figurent eſtre regardez auec
crainte & admiration. Tous
leurs diſcours ſont d'éclairciſ-
ſements, de procedez, & de
combats, & qui retrancheroit
de leur entretien les termes
d'aſſaut & d'eſcrime, ie croy
qu'ils ſeroient reduits, pour
leur plus ſublime ſcience, *aux*
compliments de la langue Fran-
çoiſe. Leur Fanfaronnerie eſt
meſme montée iuſqu'à ce de-

C iiij

gré de brutalité, que de mefprifer la conuerfation des Femmes, qui eft l'vn des plus doux
& des plus honeftes amufe-
ments de la vie. La Danfe, la
Mufique, & les autres exercices de galanterie leur femblent vne efpece de moleffe,
& à moins que de faire ioüer
vn petard ou vne mine, ils ne
croyent pas s'occuper affez dignement. Cette humeur, &
enfemble toutes paroles qui
ont quelque teinture d'orgueil
& de fuffifance doiuent eftre
éuitées comme les plus dangereux écueils où la bonne
eftime des hommes puiffe faire naufrage.

Auec tous ces auantages de
la

la bonne naiſſance, & du bon
courage qui ſont requis à toute perſonne qui ſe veut ietter
dans la Cour; Ie treuue encore
tres-neceſſaire vn bon corps,
de belle taille, pluſtoſt mediocre que trop grand, pluſtoſt
greſle que trop gros, de membres bien formez, forts, ſou-
ples, deſnoüiez, & faciles à s'accommoder à toutes ſortes d'e-
xercices de guerre & de plaiſir. Ayant tous ces dons de
nature, il eſt important de les
employer, & de bien aprendre, non ſeulement tout ce
qui s'enſeigne dans les Acade-
mies, mais encore toutes les
galanteries d'adreſſe qui ſont
en vſage, & conuenables à vn

D

Gentilhomme. De n'eſtre pas bien à cheual, & de ne ſçauoir pas faire des armes, ce luy eſt non ſeulement vn notable deſ-aduantage, mais encore vne ignorance honteuſe, puis que c'eſt ignorer les principes eſ-ſentiels de ſon meſtier. Les autres exercices, quoy que moins neceſſaires, ne laiſſent pas de tomber en vſage en mil-le occaſions, & de gaigner l'eſti-me, & en ſuitte l'inclination de ceux de qui nous deſirons eſtre aymez. Ie n'exige donc pas ſeulement qu'il entende toute ſorte de maneige, qu'il ſçache voltiger, rompre en li-ce, courre la bague, & tous les combats de barriere, de iouſte

& de tournois: Ce font actions
trop éclatantes, & qui ont trop
de bien-feance dans le monde,
pour eftre ignorées de celuy
qui s'y veut faire regarder
auec aprobation , & meriter
de la gloire & des loüianges. Ie
veux encore, s'il fe peut, qu'il
fçache iouër du Luth & de la
Guiterre, puis que nos Maiftres & nos Maiftreffes s'y plaifent , qu'il entende la chaffe,
& qu'il foit adroit à la danfe,
à la paulme, à la lutte , à fau-
ter, à nager, à tirer iufte, & à
tous ces autres paffe-temps,
qui ne font pas fi fimplement
honneftes, qu'ils ne deuiennent
bien fouuent vtiles. La plus
grande partie de ces chofes

estant diuisées, sont veritablement petites; mais toutes ensemble elles rendent vn homme accomply, & font qu'on ne
le voit qu'auec quelque espece d'admiration ; lors principalement qu'elles sont éclai-
rées des qualitez de l'ame, qui
leur donnent les derniers traits

Des ieux de ha-zard. de perfection. Ie desirerois
mesme qu'il n'ignorast aucun
des jeux de hazard qui ont
cours parmy les Grands, à cause que par là quelquefois il
se peut mesler familierement
dans leur compagnie ; pourueu neantmoins que ce soit
sans estre iouïeur.

Côtre les iouïeurs. Il faut auoüer que de tous
les vices que l'on pardonne

aux honneftes gens, ie n'en voy
point de plus pernicieux que
cette ardeur indomptable de
ioüer. Ceux qui ne font que riches, ne font pas fages s'ils fe
laiffent tranfporter de cette
paffion : Il n'y a que les grands
Princes, de qui la condition ne
fçauroit iamais eftre mifera-
ble, qui s'y puiffent hardiment
abandonner , quoy que d'ordinaire auec perte , encore
qu'ils foient les Maiftres de la
Fortune. Parmy les autres on
ne voit gueres que les auares,
les faineants, & les defefperez
qui ofent fe picquer de cette
folie. Ceux qui bruflent de
defir apres l'argent , & qui ne
fe foucient pas d'employer

Les a-
uares.

toutes fortes de moyens pour en auoir, ne s'en figurent point de plus facile que celuy-cy.

Les fai-néants. Ces ames voluptueufes & molles, qui ne fçauent à quoy s'occuper, ne s'imaginent ordinairement aucune chofe plus diuertiffante que de s'amufer à ce lafche exercice. Et

Les def-efperez. ceux que la Fortune a reduits à telle extremité, qu'ils viuent auiourd'huy comme s'ils deuoient mourir demain, croyent auoir raifon de chercher dans le hazard ce qu'ils n'ofent efperer de leur induftrie. Pour ne m'eftendre point plus auant que ie ne me le fuis permis en mon projet, il fuffit de dire que cette frenaifie n'at-

tire pas seulement vne ruyne
presque infaillible des biens de
fortune, elle va iusques à la
ruyne de l'esprit. L'inquietude & le chagrin eternel qui ac-
compagnent ceux qui se laissent tomber dans ce precipice,
sont-ce pas des raisons assez
fortes pour en retirer toute
personne à qui il reste quelque lumiere de bon sens? Et
tout le temps & tous les soins
d'vn homme, qui veulent estre
employez à ce malheureux
traffic, ne doiuent-ils pas
estre mis au nombre des plus
grandes pertes que sçauroient
iamais faire ceux qui sont nays
pour gaigner les cœurs des
Roys & des Princes?

Toutes les bonnes parties que nous auons alleguées sont tres-considerables en vn Gentilhomme ; mais le comble de ces choses consiste en vne certaine grace naturelle, qui en tous ses exercices, & iusques à ses moindres actions doit reluire comme vn petit rayon de Diuinité, qui se voit en tous ceux qui sont nays pour plaire dans le monde. Ce point est si haut qu'il est au dessus des preceptes de l'Art , & ne se sçauroit bonnement enseigner : Tout le conseil qui se peut donner en cela, c'est que ceux qui ont vn bon iugement pour reigle de leur conduitte, s'ils ne le sentent doüez de ce su-

blime.

blime don de nature, taſchent
du moins à reparer ce man-
quement par l'imitation des
plus parfaits exemples, & de
ceux qui auront l'aprobation
generale. La bonne education
y ſert encore de beaucoup:
Car comme il s'eſt veu quelquesfois de ieunes Lyons
quitter leur inſtinct farouche,
& ſe rendre familiers parmy
les hommes ; de meſme il arriue aſſez ſouuent que des
perſonnes d'vne naiſſance in-
gratte, ont ſceu ſi bien vaincre
leurs deffauts auecques des
ſoins extraordinaires, qu'ils
font toutes choſes par vn ef-
fort de raiſon, auſſi agreablement que les autres par la
E.

seule bonté de leur naturel.
Mais que ceux·là sont heureux qui n'ont que faire d'en-
seignements pour plaire ; &
qui ont esté comme arrousez
du Ciel de cette grace qui ra-
uit les yeux & les cœurs de
tout le monde ! Cependant

De l'Af-
fectation
& de la
Negli-
gence.

pour rendre vn peu plus claire
vne chose de si grande impor-
tance, il me semble qu'on peut
dire que comme cette grace
dont nous parlons, s'estend
vniuersellement sur toutes les
actions, & se mesle iusques
dans les moindres discours;
il y a de mesme vne reigle generale qui sert sinon à l'acquerir , du moins à ne s'en
esloigner iamais. C'est de fuyr

comme vn precipice mortel
cette malheureuſe & importune Affection , qui ternit &
ſoüille les plus belles choſes;
& d'vſer par tout d'vne certaine negligence qui cache l'artifice , & teſmoigne que l'on
ne fait rien que comme ſans y
penſer , & ſans aucune ſorte
de peine. C'eſt icy à mon auis
la plus pure ſource de la bonne grace : Car chacun ſça-
chant la difficulté qui ſe trouue à bien faire les choſes excellentes, on admire ceux à qui
elles reüſſiſſent facilement ;
comme au contraire, les plus
grandes & les plus rares perdent leur prix lors que l'on y
voit paraiſtre de la contrainte.

En effect, la plus noire malice dont l'enuie se sert pour ruyner l'estime de ceux qui l'ont bien estabile, c'est de dire que toutes leurs actions sont faites auec dessein, & que tous leurs discours sont estudiez. Et c'est pourquoy les Orateurs n'ont point d'artifice plus subtil qu'à couurir celuy de leurs harangues, lequel n'est pas si-tost reconnu qu'ils perdent tout credit, & n'ont plus d'éloquence qui soit assez forte pour persuader les ames mesmes les plus simples & les plus credules. Il faut encore considerer sur ce sujet, que la Negligence affectée & ce mespris trop euident dont l'on vse ius-

De la Negligence affectée.

ques aux moindres geftes &
au moindre clein d'œil, font
des vices encores plus grands
que le trop de foin, dont tout
le defaut eft de faire bien outre mefure , & de paſſer au
delà des limites ordinaires. Et
à la verité, comme l'on a re-
proché autresfois à de certains
Peintres que leurs ouurages
eſtoient trop acheuez, & qu'ils
vouloient paraiſtre plus ſça-
uans que la Nature: On pourroit dire de mefme à pluſieurs,
qu'à force de vouloir exceller
ils fe iettent au delà de la perfection, & ne prennent que
l'ombre du bien qu'ils pour-
fuiuent auec trop d'ardeur.
Les Femmes mefmes ne per-

Contre
l'affetta.

dent-elles pas tous les iours
par là ce qu'elles cherchent
auec tant de paſſion? Il ne s'en
voit gueres qui ne deſirent
eſtre belles, ou du moins dele
paraiſtre. C'eſt pourquoy lors
que la nature leur a manqué
en ce point, elles font venir
l'artifice au ſecours : Et de là
leur naiſſent tant de ſoins ridicules de s'vnir le teint, pour
ſembler ieunes; de compoſer
leurs regards, pour s'adoucir
les yeux; de s'ajancer les cheueux, pour s'eſgaler le front,
de s'arracher les ſourcils, pour
ſe rendre l'air du viſage moins
rude; & en fin de ſe refaire ſi
elles pouuoient iuſques aux
traiᶜts & aux lineaments qui

leur font empraints de la main
de Dieu, comme des caracteres que l'on ne fçauroit effa-
cer. Ainfi l'on voit que cette *Contre les Fem-*
trop vifible affectation , & *mes far-*
cette enuie defreiglée qu'elles *dées.*
ont de paraiftre belles , font
que mefmes nos yeux fouf-
frent en les regardant, & mon-
trent clairement que cette grace qu'elles eftudient, eft vne
leçon qui ne fe peut aprendre que de celles qui femblent
la vouloir ignorer. Auffi ne
peut-on nier qu'vne Dame, qui
apres s'eftre parée, l'a fçeu faire fi dextrement , que ceux
qui la confiderent font en doute fi feulement elle a fongé
à s'ajufter, ne foit plus agrea-

ble qu'vne autre, qui non contente de se sentir accablée sous la pompe de ses habits, ose bien encore se monstrer si plastrée, qu'il semble qu'elle n'ait qu'vn masque au lieu d'vn visage, & qu'elle n'ose rire de peur d'en faire paraistre deux. Voilà quels sont les defauts de l'Affectation, & par là l'on peut facilement connoistre combien elle est contraire à cette agreable simplicité, qui doit reluire en toutes les actions du Corps & de l'Esprit.

Pour celles de l'Esprit elles sont presque infinies & sont tousiours excellentes, lors qu'elles ont pour guide la Vertu, qui comme la lumiere

DES QVA-LITEZ DE L'ES-PRIT.

du

du Soleil rend plus beaux &
plus éclattans tous les objets
à qui elle se communique. Certes il est bien vray que la Vertu mesme a des attraits plus
doux & plus puissants, lors
qu'elle se rencontre en vne
personne de bonne mine & de
qualité, qu'en vne autre mal-
faite & de basse condition.
Mais aussi faut il auoüer que
quand ce seroit le plus illustre
& le plus beau Prince du monde, s'il se trouuoit qu'il fust vicieux & de mauuaises mœurs,
la grandeur de sa naissance ne
seruiroit qu'à le faire dauantage hayr de toute la terre.
Ceux donc qui veulent aspi-
rer à la conqueste des cœurs,

Que la Vertu est plus aymable, & le Vice plus odieux aux Grands qu'aux autres.

E

& gaigner la bonne volon-
té de la meilleure & plus fai-
ne partie des hommes, doiuent acquerir premierement
ce trefor ineftimable, qui de
tout temps a efté iugé le vray
bien des Sages. Auffi peut-on
dire auec verité, qu'entre les
chofes que nous poffedons, il
n'y a que celle-là qui ne foit
point fujette à l'empire de la
Fortune. Tout le refte releue
de fa tyrannie : Tantoft elle
prend plaifir à renuerfer des
throfnes, & à fouler aux pieds
des Sceptres & des Couronnes:
Tantoft elle fe ioüe à ternir
l'éclat des Beautez les plus flo-
riffantes, à ruyner des riches,
& à tromper les mieux auifez

Des auã-
tages de
la Ver-
tu.

par des accidents inoüys. La
seule Vertu est au dessus de
tous ses outrages , & le comble de son excellence est qu'elle donne de l'admiration au
Vice mesme, & imprime du
respect iusques dans l'ame des
meschants. En toutes sortes
de conditions de vie que l'on
se sçauroit figurer , la Vertu
certes doit bien estre le premier object que l'on se propose ; mais elle est si essentielle-
ment le but de tous ceux qui
se veulent faire considerer
dans la Cour, qu'encore qu'elle ne s'y voye qu'auec des des-
guisements & des soüilleures,
si est-ce que châcun veut faire croire qu'il la possede toute

Des moyens en general d'acquerir la vertu.

pure, & fans artifice. Les moyens principaux qui feruent à l'acquerir font à mon auis la bonne education, la diligence & le trauail, les bonnes habitudes, la frequentation des gens de bien, le defir de la gloire, l'exemple de fes predeceffeurs, & les bonnes lettrès.

Des bonnes lettres, & du mefpris qu'en font les Gentilshommes.

A parler auec verité, la Doctrine eft vn grand ornement, & d'vn prix ineftimable à quiconque en fçait bien vfer. Cependant ie ne fçay par quel malheur il femble que noftre Nobleffe ne puiffe iamais fe defcharger du blafme que luy donnent les Nations eftrangeres depuis tant de fie-

cles, de mefprifer vne chofe
fi rare & fi conuenable à fa
profeffion. Il eft certain que
le nombre n'eft pas petit dans
la Cour de ces efprits malfaits,
qui par vn fentiment de ftupi-
dité brutale, ne peuuent fe
figurer qu'vn Gentilhomme
puiffe eftre fçauant & foldat
tout enfemble. Ce n'eft pas
que ie vueille nier que la Science ne fe rencontre fouuent
auec la fottife & l'extrauagance. Il ne fe voit que trop
de ceux à qui le Grec & le La-
tin n'ont feruy de rien qu'à
les rendre plus impertinents
& plus opiniaftres, & qui au
lieu de rapporter de leur eftude vne ame pleine de fageffe

& de docilité, ne l'en ra-
portent qu'enflée de Chimeres & d'orgueil. Neantmoins
il faut confeffer que quand
cette connoiffance tomb een
vn fens exquis, elle pro-
duit des effects fi merueilleux,
qu'on diroit que ceux qui la
poffedent ayent quelque chofe au deffus de l'homme, &
foient effeuez à vne condition
aprochante de la diuine. Sur
tout elle eft de bonne grace
& tres-vtile à ceux qui font
nays à de grandes fortunes, &
femble que fon propre vfage
foit d'eftre employée à gou-
uerner des peuples, à conduire des armées, à pratiquer l'a-
mitié d'vn Prince ou d'vne Na-

De l'ex-
ellence
des bon-
es let-
res, &
ombien
lles font
onuena-
les, à la
Nobleff-
e prin-
ipale-
ment.

tion eftrangere , à faire des
Traittez entre les Roys, & à
toutes ces autres actions éclatantes, qui affeurent l'auctorité des Souuerains, & font fleurir leurs Eftats. Qui ne voit
au contraire, qu'elle perd tout
fon prix en des mains communes, & qu'eftant, comme
elle eft , d'vne effence noble
& releuée, c'eft vn exercice
honteux pour elle de traifner,
comme elle fait auiourd'huy,
dans les écoles de l'Vniuerfité;
entre les procés & les rumeurs
du Palais, & parmy les conte-
ftations où les Medecins s'e-
xercent fur la vie des hommes.
Ce n'eft pas que i'exige ce par-
faitenchaifnement de fciences,

Quelle
opinion
l'on doit

que les Anciens nommoient Enciclopedie , & que certains esprits malades de trop de curiosité, ont follement admiré comme le souuerain bien de la vie. I'estime les liures à cause du profit qu'en peuuent retirer tous les hommes, & les ayme comme l'vn des plus doux & des plus innocens plaisirs qu'vne personne vertueuse sçauroit choisir : Mais ie ne leur defere pas tant que de croire que leurs enseignemens puissent nous rendre heureux ou malheureux, ny que nostre contentement depende des opinions qu'ont eu des personnes qui ne resuoient pas tousjours plus raisonnablement

que

que l'on faict auiourd'huy.
Quoy que l'on en croye, i'estime que sans qu'il soit necessaire de s'aller embroüiller
dans toutes les querelles de la
Philosophie , qui consomme-
roient peut-estre inutilement
l'âge entier d'vn homme, qui
profiteroit mieux d'estudier
dans le grand liure du monde,
que dans Aristote , c'est assez
qu'il ait vne mediocre teinture des plus agreables questions
qui s'agitent quelquesfois dans
les bonnes compagnies. Ie l'ayme mieux passablement imbu
de plusieurs sciences, que soli-
dement profond en vne seule;
puis qu'il est vray que nostre
vie est trop courte pour par-

Des sciences qu'vn honneste homme ne doit pas igno-rer.

Des questions de Philo-sophie.

G.

uenir à la perfection des moindres de toutes celles que l'on
nous propose ; & que qui ne
peut parler que d'vne chose,
est obligé de se taire trop souuent. Pouruer qu'il ait des
Mathematiques, ce qui sert à
vn Capitaine ; comme de for-
tifier regulierement, & de tirer
des plans ; d'adjouster, sou-
straire . multiplier & diuiser
pour se rendre facile l'exercice
de former des bataillons, qu'il
ait apris la Sphere superieure &
inferieure, & rendu son oreille
capable de iuger de la delica-
tesse des tons de musique, Il est
fort peu important qu'il ait
penetré dans les secrets de la
Geometrie, & dans les subti-

Des Mathematiques.

litez de l'Algebre, ny qu'il se
soit laissé rauir dans les merueilles de l'Astrologie, & de la
Cromatique.   Quant à l'Oe- *De l'Oe-*
conomie elle s'aprend plu- *conomie.*
tost par l'vsage que par la lecture ; & si la Cour fournit
tous les iours mille exemples
de profusion, elle n'en fournit
pas moins de bon mesnage. La *De la*
Politique & la Morale sont ses *Politi-*
que, de la
vrayes sciences, & l'Histoire *Morale,*
& de
qui de tout temps a esté nom- *l'Hi-*
stoire.
mée l'estude des Roys, n'est
gueres moins necessaire à ceux
qui les suiuent. C'est là sans *Du choix*
des Hi-
doute la plus pure source de la *storiens.*
Sagesse ciuille : Toute la difficulté n'est qu'à sçauoir choisir
les bons Autheurs, dont le

nombre n'eſt pas infiny. Ie ne
feray nulle difficulté de m'e-
ſtendre vn peu licentieuſement
à nommer les meilleurs, pource que ie ſçay que la pluſpart
de nos Gentilshommes ne s'y
attachent pas, à faute de con-
noiſtre ceux dont la lecture
Iuge- leur peut eſtre vtile. Voicy le
ment des iugement qu'vn aſſez habille
meilleurs Critique fait de quelques
Hiſto-
riens. vns, auquel il n'ajouſte que
les choſes qu'il ne deuoit pas,
ce me ſemble, auoir oubliées.
Hero- Entre les Grecs, Herodote,
dote. Thucidide, Xenophon, &
Polibe ſont les plus eſtimez.
Le premier a des graces ſi
charmantes en ſon langage,
qu'il donne meſme aux Fables

l'auctorité de l'Histoire. Le *Thuci-dide.*
second est graue, abondant
en sentences, pressé en son
stile, eloquent en ses harangues, & sain en ses iugements.
Le troisiesme est agreable & *Xeno-phon.*
fidelle, & dans ses ouurages
les peuples peuüent apprendre à obeyr, & les Princes à
regner. Et pour le dernier les *Polibe.*
bons Iuges tiennent qu'il n'est
pas si exact que Thucidide,
mais qu'il n'est pas moins pro-
fitable. Ses maximes reuiennent mieux aux nostres, par
tout il est habile, & lors mesme qu'il semble s'esgarer, ce
n'est que pour instruire & rendre plus adroits ceux qui le li-
sent. Plutarque n'a pas pro- *Plutar-que.*

G iij

prement efcrit l'Hiftoire, mais
des parties d'hiftoire : Il eft digne toutesfois de feruir d'ordinaire entretien à ceux qui
defirent entretenir les Grands.
Son iugement eft fi net, qu'il
iette de tous coftez des lumieres capables d'éclairer les plus
groffiers entendemens, & par
tout il ouure vn chemin aifé
pour guider à la Prudence
& à la Vertu. Parmy les La-
tins, Tacite, felon l'opinion de
tous les Politiques, tient le
premier rang, & l'vn de fes
admirateurs le prefere mefme
à Tite-Liue, finon pour l'eloquence, du moins pour les
enfeignements, qui font la
partie que nous confiderons

Tacite.

maintenant. Qui peut mieux
que luy en si peu de paroles
comprendre tant de choses,
& parmy les épines de la nar-
ration, faire fleurir tant de grace & de majesté? Qui a-t'il dans
les mœurs qu'il ne reprenne,
dans les conseils qu'il ne reue-
le, & dans les causes qu'il n'enseigne? Certainement il est admirable en vne chose à laquelle on diroit qu'il ne pensoit
pas, & fait excellemment ce
qu'il semble n'auoir point voulu faire ; Car sans troubler iamais l'ordre & la suitte des
veritez qu'il raconte, il ne laisse
pas d'y mesler des preceptes,
auec vne mesme dexterité que
ceux qui sçauent agreable-

ment confondre auec l'or &
la foye, les perles & les dia-
mants. De forte que fon liure
n'eft pas feulement vne hiftoire, mais vn champ fertil de
confeils, & vne parfaitte leçon
de fageffe. Il eft vray que
comme il eft aigu, penetrant,
& ferré, il faut auffi à ceux
qui le lifent vne intelligence
viue & fubtile, pour n'y treuuer pas cette obfcurité dont
Saluſte. quelques-vns l'ont repris. Sa-
lufte fans doute luy arrache-
roit cette eminente gloire, fi
nous auions tout ce qu'il a efcrit, mais par le peu qui nous refte de luy, tout ce que l'on peut
faire c'eft de iuger qu'il a vn
mefme genie que Thucidide.
                              Tite-Liue.

Tite-Liue pour la grandeur *Tite-Liue.*
& la majesté de l'hiftoire, pour
la pureté & l'eftenduë des
narrations, & pour la pleine
éloquence des harangues, eft
bien le premier de tous: Mais
il eft plus fterile en fentences,
& inftruit plutoft par la multitude des exemples, que par
l'abondance des iugements. Il *Cefar.*
fuffit de dire de Cefar & de
Quinte-Curfe, qu'ils doiuent
eftre les familiers amis de tous
les bons Capitaines. L'vn a des
paroles dignes de ces memo-
rables exploits, qui ont faict
trembler toute la terre, & mis
fous le joug la plus orgueilleu-
fe, & plus indomptable liberté, qui iamais ait regné

Quinte-
Curse.

dans les Republiques. Et l'autre
pourroit, en quelque façon,
confoler Alexandre de n'auoir
pas vefcu du temps d'Homere, puis qu'il fait fi auantageu-
fement reuiure fa gloire dans

Des au-
res Hi-
 floriens
en gene-
ral.

fes efcrits. Apres ceux-cy il en
refte encore plufieurs autres,
qui ont paru de fiecle en fiecle, & que l'on peut dire eftre
fort bons: Mais on peut dire
auffi qu'ils feruent plutoft à
contenter la curiofité de ceux,
qui ayment la diuerfité des
Hiftoires, qu'à enfeigner la fageffe, & à cultiuer la prudence. Ie trouue fur tout vtile &
de bonne grace de n'ignorer
pas les chofes principales qui
fe font paffées chez nous &

chez nos voiſins, de noſtre temps, & s'il ſe peut, de ſça-uoir encore l'origine & la ſuit-te de tant de Royaumes, d'E-ſtats & de Gouuernements dif-ferents, qui ſe ſont eſleuez ſur les ruynes d'vn ſeul Empire.

Ce n'eſt pas que ie croye que la connoiſſance de toutes ces choſes ſoit vn moyen aſ-ſeuré pour paruenir à la Sa-geſſe; Elles ne ſeruent que de lumiere à ceux qui la cher-chent: Son ſiege eſt dans l'en-tendement, & non pas dans la memoire, & l'Experience meſme, de qui l'on dit qu'elle eſt fille, luy ſert bien quelques fois de maraſtre & la precipite pluſtoſt qu'elle ne la conduit.

De l'ex-perience & du iu-gement.

H ij

Elle aporte bien de la facilité à executer promptement , mais en des euenements douteux, où les exemples luy manquent, elle demeure confuse sans l'apuy de cette partie dominante de l'ame, à qui seule est reseruée la gloire de deliberer. Le nombre des occurrences qui peuuent se presenter en la vie des hommes est infiny, chaque iour en fait naistre vne multitude , & en la suitte de tant de siecles passez il ne s'est gueres veu d'éuenements si conformes les vns aux autres, que l'on n'y ait peu remarquer quelque notable difference. Outre qu'il se rencontre rarement que plusieurs personnes

qui font paruenuës à vn mefme but, y foient allées par vn
mefme chemin : Comme auffi
tous ceux qui fe feruent des
mefmes moyens n'arriuent pas
à vne mefme fin. La longueur
& les remifes ont quelquefois
fait emporter de grandes vi-
ctoires, & n'ont pas auffi moins
fait perdre de fameufes batail-
les. Quiconque n'eft pas naturellement capable de difcer-
ner les temps, & de confiderer
les circonftances femblables
& diuerfes des occafions qui
s'offrent, ne tirera gueres de
fruict de fon experience, ny
de l'hiftoire : Et les Loix mefmes nous enfeignent que pour
bien iuger des occurences,

l'exemple ne fuffit pas fans la reigle. l'auoüe bien qu'il eft tres-vtile d'auoir veu & pratiqué plufieurs chofes , & de fçauoir plufieurs accidents du paffé : Non pas qu'ils feruent à bien difpofer du prefent ; mais parce que dans les differents fuccez font difperfez les éguillons de l'intelligence , qui excitent & font germer dans les efprits fubtils & penetrans de certaines femences de fageffe que la Nature y auoit cachées : De forte que de la multitude de ces exemples, on voit à la fin fortir cette reigle, par le moyen de laquelle l'entendement fe rend habille à bien iuger.

Outre les sciences & l'histoi-re, il est tellement necessaire de se former vn stile à bien escrire, soit de matieres serieuses, soit de compliments, soit d'amour, ou de tant d'autres sujets, dont les occasions naissent tous les iours dans la Cour, que ceux qui n'ont pas cette facilité ne peuuent iamais esperer de grands emplois, ou les ayant n'en doiuent attendre que de malheureux succez. Pour faire des Vers, c'est vn exercice plus agreable que necessaire, & qui par la malice des ignorans est tombé dans vn mespris, qui deuroit couurir de confusion nostre siecle. En effect c'est

De bien escrire en prose.

De la Poësie.

vne chofe honteufe de voir
que cét admirable langage,
dont les Sages de l'Antiquité
ont creu que leurs Dieux fe
feruoient dans le Ciel, foit de-
uenu fans raifon auffi peu recommandable, que leurs Au-
tels font iuftement peu reue-
rez. La principale origine de
cet abus vient de tant de malheureux faifeurs de vers, qui
profanent la Poëfie, & entre
les mains defquels elle perd
tout fon prix & toute fa gloire.
Le nombre eft fi petit de ceux
qui peuuent dignement toucher à des myfteres fi releuez,
que les meilleurs fiecles ont eu
peine d'en produire deux ou
trois excellents en ce diuin

meftier

meſtier qui ne ſouffre rien de mediocre. La Peinture & la Muſique luy ſont ſi inſeparablement attachées, que l'vne paſſe pour vne poëſie muette, & l'autre pour l'ame de la Poëſie. Pour finir ce long denombrement d'Arts & de Sciences, ie dis que l'vne des plus particulieres eſtudes d'vn homme de la Cour doit eſtre l'intelligence des langues: Et s'il trouue les mortes trop difficiles, & les viuantes en trop grand nombre, que pour le moins il entende & parle l'Italienne & l'Eſpagnolle, pource qu'outre qu'elles reuiennent mieux à la noſtre, elles ont plus de cours que pas vne des autres dans

De la Peinture & de la Muſique.

I

l'Europe, & mesme parmy les Infidelles.

DES ORNEMENTS DE L'AME.

Auec ces auantages du Corps & de l'Esprit, dont iusques icy nous auons discouru, ie veux qu'il soit doüé des vrays ornements de l'Ame, c'est à dire des Vertus Chrestiennes, qui comprennent toutes les Morales. Le fon-

De la Religion & de la Foy.

dement de toutes est la Religion, qui n'est à mon aduis qu'vn pur sentiment que nous auons de Dieu, & vne ferme creance des mysteres de nostre foy. Sans ce principe il n'y a point de probité, & sans probité personne ne sçauroit estre agreable, non pas mesme aux meschants. Croyons donc que Dieu est, & qu'il est vne Sagesse eternelle, vne Bonté infinie, & vne Vertu incomprehensible, de qui la definition est de n'en auoir point, qui n'a ny commencement ny fin, & de qui la plus parfaitte cognoissance que nous en sçaurions auoir, est d'aduoüer qu'on ne le sçauroit assez cognoistre. Il est bien vray que c'est vne hardiesse perilleuse d'en dire mesme des veritez : Mais combien abominable est la foiblesse de cette nouuelle & orgueilleuse secte d'Esprits-forts, qui n'ayant pas assez de soumission & de reuerence pour faire flechir leur petit & aueugle en-

Contre les Athées.

I ij

tendement deuant cette grande & immortelle Lumiere, & ne trouuant aucune proportion entre leur grossier & ridicule raisonnement, & les merueilles de cette saincte & premiere Essence, osent bien porter leur impieté iusques à nier vne chose que les Oyseaux publient, que les Animaux recognoissent, que les choses les plus insensibles prouuent, que toute la Nature confesse, & deuant qui les Anges tremblent, & les Demons ployent les genoux?

Des autres vertus en general. Sur ce grand & ferme appuy de la Religion se doiuent fonder toutes les autres vertus, qui apres nous auoir ren-

dus agreables à Dieu, nous
font plaire aux hommes, &
nous donnent à nous mefmes
vne certaine fatisfaction fecrette, qui nous fait iouyr d'vn
repos folide au milieu des inquietudes de la Cour. Auffi
eft-ce la crainte de Dieu qui eft
le commencement de cette
vraye Sageffe, qui comprend
tous les preceptes que la Philo-
fophie nous a donnez pour bien
viure : C'eft cette crainte qui
nous rend hardis dans les dan-
gers, qui fortifie nos efperan-
ces, qui conduit nos deffeins,
qui reigle nos mœurs, & nous
fait cherir des gens de bien,
& redouter des mefchans. Par
elle nous paroiffons bons fans

De la crainte de Dieu.

hypocrifie , deuots fans fuper-
ftition, prudents fans malice ,
modeftes & humbles fans lafcheté, & genereux fans arro-
gance. Quiconque fe fent muny de ce trefor, & des qualitez que nous auons reprefentées , & d'ailleurs appuyé d'vn
bon fens naturel pour affeurer
fa conduite, peut affez hardiment s'expofer dans la Cour,
& pretendre d'y eftre confi-
deré auec eftime & approba-
tion

Il eft bien vray qu'il y a vn
nombre infiny de raifons qui
en pourroient deftourner toute perfonne qui en cognoift
les malheurs , & qu'à plufieurs
il auroit mieux valu n'auoir

eu qu'vne vertu incogneuë,
qu'vne vie si pleine d'éclat &
de peril. Chacun voit que la
corruption y est presque generale, & que le bien ne s'y
fait que sans dessein, & le mal
comme par profession. La ser- *De la*
uitude y est tellement neces- *seruitu-*
de.
saire, qu'il semble que la liberté qu'on s'y reserue, soit vne
vsurpation que l'on fait sur
l'authorité du Souuerain, qui
a pour son plus noble objet la
gloire d'estendre son empire
sur les volontez, aussi-bien que
sur les vies, & les fortunes de
ses sujets. Or qui a-t'il de plus
indigne de la condition du Sage, que de soumettre sa raison
à celle d'vn autre, qui l'aura

peut-estre esblouïe de la splendeur de sa gloire, & de sa magnificence? A cette fascheuse condirion sont attachées mille peines & mille fatigues, qui naissent de cette ardeur insensée que l'on a de tesmoigner de l'affection aux Grands, & de leur donner des preuues d'vne parfaitte seruitude: De sorte que ceux-là s'estiment les plus malheureux de qui on espargne les sueurs, & dont on ne trouble point le repos. Si au trauail du corps l'on n'adjoustoit encores celuy de l'esprit, la meilleure partie manqueroit pour accomplir la misere de celuy qui s'est engagé en cette sorte de vie. L'ambition

Des fatigues.

Des inquietudes.

De l'ambition.

tion

tion qui le brufle, & le defir
infatiable des biens & des honneurs qui le bourrelle, luy font
conceuoir mille projects au
deffus de fes forces. Le corps
à la fin vaincu de foibleffe &
de laffitude fuccombe, l'efprit
feul, a fon dommage, eft infatigable, & pendant que les
membres fe repofent, il fe ron-
ge & s'afflige foy-mefme de
mille foucis quile deuorent: La
crainte l'attaque & le fait tomber; l'efperance le fouftient &
le releue, pour le redonner en
proye à cette premiere crainte; & dans cette guerre inte-
ftine fe refueillent toutes les
autres paffions qui nourriffent
dans les cœurs vn fecret Enfer,

De la crainte & de l'efpe-rance.

K

dont les tourments ne fe peuuent exprimer. Tout en vn tēps il faut fonger aux moyens de conferuer ce que nous poffedons, d'acquerir ce qui nous manque, de rendre vains les efforts de ceux qui nous contrarient, de furmonter la haine, & l'enuie, de reculer ceux qui vont deuant nous, d'arrefter ceux qui nous fuiuent, & le falut d'vn chacun ne confifte pas tant, ce femble, à fe garder foy-mefme, qu'à ruiner les autres. Combien plus douce & plus tranquille eft la vie des Sages, qui ont premierement la paix auec eux-mefmes, & la fçauent entretenir auec tout le monde? Ceux-là,

Des foins ambitieux.

De la tranquillité des Sages.

dit Ariſtote, ſont des Dieux
entre les hommes ; & s'il eſt
permis aux parolles d'auoir
de la hardieſſe, on peut dire
que Dieu eſt vn Sage eternel,
& que le Sage eſt vn Dieu
pour vn temps. Cependant
malgré toutes ces raiſons &
toutes ces difficultez, le Sage
peut au milieu des vices & de
la corruption conſeruer ſa vertu toute pure & ſans tache
Il ne s'agit que d'auoir de iu-
ſtes deſſeins, & quoy que l'Enfer des damnez ne ſoit plein
que de bonnes intentions, ſi
eſt-ce que celuy de la Cour
eſtant accompagné de penſées
legitimes & raiſonnables, n'aura point de douleurs qui ne

Qu'vn homme de bien peut viure dans la corruption de la Cour, ſans en eſtre ſoüillé.

foient faciles à fupporter. De
tous les aueuglemens de l'a-
me il n'y en a point de fi pe-
rilleux que celuy qui ne voit
pas le but qui luy eft propofé:
Et l'on voit ordinairement que
de la vraye cognoiffance, &
de la fage eflection d'vne bonne fin, depend la conduitte &
le fuccés des chofes que nous
entreprenons. C'eft pourquoy
la plus vtile fcience de ceux
qui veulent viure à la Cour
eft de bien entendre quel doit
eftre le plus digne objeƈt d'vn
fi dangereux commerce.

De la fin que l'hô-me de bien fe doit pro-pofer Lors que les hommes vnif-
fent leurs defirs & leurs vo-
lontez à quelque chofe, il y a
beaucoup d'apparence qu'ils

en esperent du support, & de l'aduantage, & les choses qu'ils desirent par cette commune deliberation sont ordinairement celles qu'ils croyent les plus nobles, les plus parfaites, & les plus vtiles. Le consentement qu'ils apportent à obeyr à vn seul, est vne marque qu'ils estiment cette sorte de gouuernement la plus excellente de toutes: Comme en effect la vraye & legitime puissance des Souuerains n'est qu'vn nœud d'authorité & de iustice pour la conseruation du bien public. En suitte de cela, tous ceux qui se sont soumis à cette puissance, souhaittent de s'en approcher , & taschent de la

maintenir au peril de leurs vies
& de leurs fortunes. C'eſt
pourquoy le bien du Prince ne
ſe ſepare point de celuy de l'E-
ſtat, dont il eſt l'ame & le cœur,
auſſi bien que la teſte : Et le
bien des particuliers n'eſt con-
ſiderable au general, qu'entant qu'il eſt vtile à la perſonne du Prince, de qui ſeul on
attend tout le bien & tout le
mal qui ſe reſpand dans le
corps de la Monarchie. Cela
eſtant veritable, & eſtant vray
auſſi que châque choſe tend
à vne fin comme au comble
de ſa perfection, quel plus digne object peut auoir le ſage
Courtiſan, que la gloire de
bien ſeruir ſon Prince, &

d'aymer ſes intereſts plus que
les ſiens propres. C'eſt là le
ſeul but qu'il ſe doit propoſer : Tous les autres ſont
faux & trompeurs, & dege-
nerent, ou en baſſeſſe, ou en
malice. Et apres tout quelque autre fin que l'on ſçauroit
choiſir ne ſera pas ſeulement
incertaine, mais encore pleine
de chagrins, & de mille deſ-
plaiſirs, dont les occaſions
naiſſent à tous moments &
en foule dans cette grande
confuſion de perſonnes qui aſ-
pirent toutes à vne meſme
choſe ; qui eſt la faueur du
Maiſtre. La voye de la nature
& de la iuſtice eſt facile, ſeure,
& innocente, & tout projeƈt

qui s'esloigne des reigles de la
raison a l'erreur qui le guide,
& la punition qui le suit. Quiconque cherche du bien contre son deuoir, merite de rencontrer vn mal certain, ou vn
bien dangereux: Mais la faute
n'en est qu'à celuy qui en sup-
porte la peine, & ce n'est pas
tant la condition ny la nature
de la Cour, qui attire apres
soy ces malheurs, comme c'est
vn iuste chastiment de faire
Contre mal la Cour. Ie sçay bien que
les Cour- les Auares & les Ambitieux
tisans treuueront cette maxime ri-
auares goureuse, mais quelle loy peut
& am- estre iuste, & leur estre agrea-
bitieux. ble toute ensemble ? Qu'ils
considerent seulement s'il leur

reste quelque rayon de vertu
& de bon sens qu'ils démen-
tent leur profession, & trahis-
sent le desir du Prince, qui ne
veut autre chose d'eux, sinon
qu'ils ayment le bien de l'E-
stat plus que leur propre aduantage ; & qu'en faisant le
contraire, ils renuersent tout
l'ordre de la raison, qui exige
que l'interest des particuliers
cede à celuy du public. Qu'ils
considerent encore que la iustice & la nature veulent que
la conseruation de la teste &
du cœur soit preferée à celle
de toutes les autres parties,
& que le Prince mesme est
obligé à cette loy qu'ils treuuent si dure, puisque le salut

L

de son peuple luy doit estre
plus cher que celuy de sa personne. De cette sorte lors que
les honneurs & les bienfaits
leur seront presentez, ils les
treuueront d'autant plus doux
qu'ils les auront cherchez &
acquis par des voyes legitimes : Et si le malheur de s'en
voir priuez leur arriue, ils le
supporteront sans en murmu-
rer, & se consoleront de sçauoir que les ayant meritez, il
n'a tenu qu'à la Fortune qu'ils
n'en ayent eu la possession.

De l'a-
ction &
de l'oisi-
ueté.
Tous ces sublimes auanta-
ges de l'esprit & du corps, que
iusques icy nous auons repre-
sentés, sont veritablement d'v-
ne difficile acquisition, & d'vn

penible exercice : Mais dans
le cours de la vie, la cognoiffance des chofes, quelque par-
faite qu'elle foit, n'eft qu'vn
trefor inutile, fi elle n'eft accompagnée de l'action & de la
pratique. Vn Gentilhomme
qui feroit doüié de tous les dons
capables de plaire & de fe faire eftimer, fe rendroit indigne
de les poffeder, fi au lieu de les
expofer à cette grande lumiere
de la Cour, il les alloit cacher
dans fon village, & ne les eftal-
loit qu'à des efprits rudes &
farouches. La feule action di-
ftingue la puiffance de l'impuif-
fance, & l'on ne peut remarquer la difference qui fe trouue entre vn grand Miniftre

d'Eſtat & vn malheureux artiſan, pendant que l'vn & l'autre dorment. Le repos des grands hommes eſt vn crime, & l'oiſiueté égale la valeur des bons Capitaines , & la ſageſſe des Philoſophes à la laſcheté des poltrons, & à la folie des ignorants. Si la vertu eſtoit vn bien ſterile & ſans fruict, elle auroit raiſon de chercher les tenebres & la ſolitude: Mais puis qu'elle ſe porte naturellement à engendrer dans les autres eſprits vne diſpoſition pareille à la ſienne propre, & que ſon plus digne exercice eſt de ſe communiquer & ſe reſpandre, qui peut ſans iniuſtice en eſtouffer les ſemences en des lieux ſau-

uages & retirez de la compagnie des hommes? Pour rendre encore cette verité plus
claire, ne voyons-nous pas que
les corps, qui approchent le
plus du ſiege de la Diuinité,
ſont ceux qui ſont le moins en
repos? Les Cieux, comme plus
voiſins de la ſource de toute
perfection, ſe meuuent auec
vne rapidité infatigable : La
Terre au contraire , comme
vne maſſe lourde & peſante, &
qui participe moins à cette vigueur celeſte, demeure immo-
bile & preſque ſans aucune
action. Tout ce que châque
choſe a de bon ne ſe diſcerne
qu'en agiſſant, & cette molle
& laſche oyſiueté qui s'y re-

marque n'est qu'vne necessité
d'vne nature defectueuse. Cela
estant ainsi, toute personne de
qui la condition semble l'inui-
ter aupres des Grands, & qui se
sent l'ame pleine de bonnes intentions, n'est-elle pas obligée
d'y aller remplir vne place qui
peut-estre seroit occupée par
vn meschant, dont les conseils
seroient sans doute pernicieux
à tout l'Estat, s'il auoit le moyen
de les porter iusques à l'oreille
du Prince? C'est là qu'vn honneste-homme, que ie ne distin-
gue point de l'homme de bien,
doit tascher d'estre vtile à sa
Patrie, & que se rendant agreable à tout le monde, il est obligé de ne profiter pas seulement

Que tout
homme
de bien
est obligé
de suiure
la Cour.

à foy-mefme, mais encore au public, & particulierement à fes amis, qui feront tous les vertueux.

C'eft par l'acquifition de femblables Amys que ie defire que ceux qui fe veulent rendre agreables, faffent leur entrée à la Cour. Lors que l'on *De l'en-* y arriue tout neuf & inco- *trée dans* gneu, ie treuue qu'il eft tres- *la Cour.* vtile de demeurer quelque temps à confiderer l'eftat d'vne mer fi orageufe deuant que de s'embarquer deffus, afin que l'on ait le loifir de prendre fes mefures & de faire fes projects auec prudence & dexterité. La plus efpineufe diffi- *Du choix* culté qui fe rencontre à cét *d'vn Amy.*

abord , eſt de ſçauoir choiſir
vn amy fidelle , iudicieux &
experimenté, qui nous donne
les bonnes adreſſes, & nous
face voir vn tableau des cou-
ſtumes qui s'obſeruent , des
puiſſances qui regnent, des ca-
bales & des partis qui ſont
en credit, des hommes qui ſont
eſtimez, des femmes qui ſont
honorées, des mœurs & des
modes qui ont cours, & generalement de toutes les choſes
qui ne ſe peuuent apprendre
que ſur les lieux. Ces inſtru-
ctions ſont d'autant plus neceſſaires que les fautes qui ſe
commettent au commence-
ment ſont comme irrepara-
bles, & laiſſent vne opinion de

nous

nous qui ne s'efface bien fouuent que lors que nous fommes fur le point de nous retirer
de la Cour & du monde. Or la
premiere & la plus vtile leçon *De l'e-
ftime, &*
que l'on doit pratiquer , c'eft *comme
elle fe*
de gaigner d'abord l'opinion *doit ac-*
des Grands & des honneftes *querir.*
gens,& de tâcher à meriter les
bonnes graces des femmes,qui
ont la reputation de donner
le prix aux hommes , & de les
faire paffer pour tels que bon
leur femble , comme il s'en
trouue quelques vnes qui fe
font acquis cette authorité.
Le folide fondement de cette
opinion eft bien la vertu & le
merite , mais fi ce n'eft par vn
bon-heur fort approchant du

*De l'e-
ftime, &
comme
elle fe
doit ac-
querir.*

miracle, on auroit fouuent le
loifir de deuenir vieux deuant
que de faire cognoiftre ce que
l'on vaut, fi l'on n'eftoit fecou-
ru de l'eftime de ceux qui nous
ayment, & qui font eux-mefmes eftimez. C'eft pourquoy
l'affiftance de ce premier &
fidelle amy, dont nous auons
parlé, nous peut facilement
procurer la bienueillance de
plufieurs autres. L'amitié eftât,
comme elle eft, vn bien qui
prend plaifir à fe communiquer entre les perfonnes ver-
tueufes, & qui comme vn
flambeau alumé, en alume
autant que l'on veut. Si bien
que dans cette multitude de
iugements differents, & d'ef-

prits empeſchez de tant de
diuers objects, qui ne ſe donnent gueres la peine d'examiner bien auant le merite de
ceux qui ſe preſentent, on
peut dire que ce ſont les autres qui nous donnent l'eſtime, & que nous n'auons qu'à
la conſeruer. Mais puis que *Du moyē*
ces Amis ſont vn bien ſi ne- *d'acque-*
ceſſaire dans le monde, il eſt à *rir des*
propos de ſçauoir par quel *Amys.*
moyen ils ſe peuuent acquerir. Sans m'arreſter au nombre infiny d'éloges, que tous
les Sages ont donnez à cette
noble paſſion, par laquelle
nos volontez & nos intereſts
s'vniſſent, & ſans m'amuſer à
tant d'agreables queſtions qui

s'agiſſent ſur ce ſujeƈt, ié diray en vn mot, que pour ſe
rendre digne d'eſtre aymé, il
faut * ſçauoir aymer. C'eſt
icy le comble & l'abregé de
tous les preceptes, & comme
cette ſcience ne tombe point
dans les ames vulgaires, il
n'appartient auſſi qu'à celles
qui ſont pleines d'vne generoſité heroïque d'en produire
des effeƈts, & de s'en former
vne parfaitte idée. L'extréme
franchiſe, la iuſte complaiſance, la ſolide fidelité, la veritable confiance, la facilité à obliger, & la crainte de deſplai-
ré en ſont des marques aſſez
euidentes: Mais le mouuement
du cœur en eſt le vray iuge

& le souuerain arbitre. Tost ou tard on void que ceux qui trompent sous ces apparences ; ceux qui n'ont que leur vanité pour obiect des bons offices qu'ils rendent, & qui esbloüissent les credules de ces illusions d'amitié & de fausses caresses, se descrient eux-mesmes, & attirent sur eux la haine publique. Au contraire ceux qui ayment sans artifice, sont ordinairement aymez de la mesme sorte, & comme c'est vn effect de la Vertu de se reproduire soy-mesme, ce tresor d'amitié se multiplie aussi iusques à l'infiny, lors qu'il est en sa pureté.

DIVI-
SION
DE LA
VIE,
EN AC-
TIONS,
ET EN
PARO-
LES.

Toute noſtre vie s'employe &
ſe conſomme en Actions & en
Paroles, que nos amys ayent
touſiours les meilleures ; aux
indifferents les communes ſuf-
fiſent. Mais ſur cette diuiſion,
il eſt neceſſaire de fonder le
diſcours de ce qui reſte à faire
à celuy que nous ſuppoſons
n'auoir plus beſoin que de conſeruer l'eſtime où l'ont mis
ceux qui l'ont loüé dans la
Cour. Nous viendrons aux
paroles lors que nous aurons
diſcouru des effects. Entre les

Des a-
tions.

actions les plus éclatantes qui
rendent glorieuſe la vie d'vn
Gentil-homme, celles de la Valeur ſont ſans doute les plus
illuſtres & les plus recom-

mandables. Cette vertu tient
le premier rang en l'opinion
de noftre Nobleffe: Auffi comme elle eft naturellement guer-
riere , & l'exercice des armes eftant fa vraye & effentielle profeffion, elle luy a im-
pofé vn nom fi releué, qu'il có-
prend eminemment toutes les
autres vertus. Il y faut bien
fans doute vn cœur hardy, &
vne ferme refolution de mourir pluftoft mille fois que de
confentir à vne lafcheté: Mais
fi ce fondement n'eft foufte-
nu de la conduitte & de la
dexterité, difficilement par là
pourra-t'on s'acquerir cette
eftime, par le moyen de laquelle fe gaigne l'inclination de

*Des a-
ctions de
Valeur,
& de la
conduit-
te du
courage.*

DIVI-
SION
DE LA
VIE,
EN AC-
TIONS,
ET EN
PARO-
LES.

Toute noftre vie s'employe &
fe confomme en Actions & en
Paroles, que nos amys ayent
toufiours les meilleures ; aux
indifferents les communes fuf-
fifent. Mais fur cette diuifion,
il eft neceffaire de fonder le
difcours de ce qui refte à faire
à celuy que nous fuppofons
n'auoir plus befoin que de conferuer l'eftime où l'ont mis
ceux qui l'ont loüé dans la
Cour. Nous viendrons aux
paroles lors que nous aurons
difcouru des effects. Entre les

Des a-
ctions.

actions les plus éclatantes qui
rendent glorieufe la vie d'vn
Gentil-homme, celles de la Valeur font fans doute les plus
illuftres & les plus recom-

mandables. Cette vertu tient
le premier rang en l'opinion
de noſtre Nobleſſe. Auſſi comme elle eſt naturellement guer-
riere , & l'exercice des armes eſtant ſa vraye & eſſen-
tielle profeſſion, elle luy a impoſé vn nom ſi releué, qu'il có-
prend eminemment toutes les
autres vertus. Il y faut bien
ſans doute vn cœur hardy, &
vne ferme reſolution de mourir pluſtoſt mille fois que de
conſentir à vne laſcheté: Mais
ſi ce fondement n'eſt ſouſte-
nu de la conduitte & de la
dexterité, difficilement par là
pourra-t'on s'acquerir cette
eſtime, par le moyen de laquelle ſe gaigne l'inclination de

*Des a-
ctions de
Valeur,
& de la
conduit-
te du
courage.*

ceux qui sçauent donner le prix au merite. Celuy qui se trouue aux occasions, ou d'vne bataille, ou d'vn assaut, ou d'vne escarmouche, ou en d'autres semblables rencontres, doit subtilement tascher de se separer de la foule, & faire en la moindre compagnie qu'il pourra les grands & hardis exploits, dont il desire signaler son courage. Qu'il recherche sur tout de bien faire à la veuë des principaux de l'Armée, & s'il se peut aux yeux mesme du Roy. Combien d'actions heroïques & dignes de memoire ont esté estouffées dans la presse & la multitude des simples soldats, & com-

bien malheureuse est la valeur
de ceux, qui n'ont pour spe-
ctateurs que des mercenaires,
qui combattent moins pour
l'honneur que pour la proye.
Le comble de cette vertu est
la modestie à parler discrete-
ment de ses faits, & la franchise, à loüer hautement ceux
des autres qui s'en sont rendu dignes. C'est par là que
l'on fait mourir l'enuie de ceux
qui s'esseuent contre nostre
gloire ; & outre que cette façon de proceder est genereuse, les loüanges que l'on donne à autruy ont encore cét a-
uantage, qu'elles nous acquie-
rent les acclamations & les
loüanges de ceux que les no-

De la modestie à parler de soy, & de la franchi- se à loüer les au- tres.

N

ſtres ont obligez. Obligeons
donc autant de perſonnes que
nous pourrons par de bonnes
parolles, & par de ſolides effects. C'eſt icy la ſeconde par-

Des bons officés.

tie des actions qui nous font
eſtimer & cherir de tout le
monde. Ceux qui ſont offi-
cieux ne ſçauroient manquer
d'Amis, & ceux qui ne manquent point d'Amis ne ſçauroient manquer de fortune.
On ne les conſidere que comme des perſonnes nées pour le
bien, & ceux-là trouuent quelque choſe à redire en leur condition, qui n'ont pas le bon-
heur d'en eſtre conneus. Que
c'eſt vne douce ſatisfaction
à vne ame bien faitte que de

n'auoir iamais manqué à feruir quand elle l'a deu faire, &
que ceux-là font heureux qui
en ayant la volonté, en ont
auſſi le pouuoir ! Secourir les
miſerables, prendre part à la
douleur d'vn affligé, ayder à
la foibleſſe de ceux qui ſont
oprimez d'vne puiſſance iniu-
ſte, preuenir par nos ſeruices
les prieres de ceux qui ont beſoin de noſtre aſſiſtance, pro-
teger les innocens, ſeconder
les deſſeins des gens de bien,
accorder les querelles, paci-
fier les differents, eſtouffer les
mauuaiſes affaires des opinia-
ſtres & des imbecilles, & enfin
employer tout ſon eſprit, ſon
authorité & ſon induſtrie à ne

faire que du bien, font ce pas des actions, finon diuines, du moins plus qu'humaines ; & fur tout en vn fiecle où l'humanité femble eftre bannie du monde ? Quiconque a l'inclination portée à ces chofes, l'a encore infailliblement portée à la Liberalité. Cette vertu tient vn grand rang entre les principales actions de la vie, & ceux qui la peuuent & la fçauent exercer ne fçauroient manquer de plaire ; puis qu'il n'y a gueres d'ames fi farouches qu'elle n'appriuoife & qu'elle ne gaigne. Il faut qu'elle ait la prudence pour guide ; car autrement elle degenere en profufion ; & à ce defaut

qu'elle se ruine soy-mesme, &
consomme la matiere qui la
doit entretenir. Elle veut bien
estre sans artifice & sans vanité, mais sans conduitte elle ne
sçauroit longuement subsister.
Elle doit cognoistre ses forces,
& se contenir dans vne medio-
crité si pure, que ny l'Auarice, ny la Prodigalité ne la soüil-
lent iamais: Car comme la Valeur tempere cette ardeur de
courage qui nous fait voir le
peril moindre qu'il n'est, & dis-
sipe aussi la crainte qui nous le
figure plus grand qu'il ne doit
paraistre. De mesme la liberalité aporte de la moderation
entre l'insatiable desir d'acquerir, & l'aueugle contentement

de donner. L'Auare se plaist
à enseuelir son or dans ses cof-
fres, iusques à le cacher au Soleil mesme qui l'a produit, son
ardeur démesurée d'assembler
des richesses ne sçauroit s'as-
souuir, & ressemble au feu,
qui plus il rencontre de ma-
Le Pro-
digue.
tiere plus il en deuore. Le Prodigue au contraire espanche
inutilement son bien en de folles despenses, & n'en fait part
qu'aux personnes les plus vi-
cieuses & les plus abandon-
nées : Si bien que le plus subtil
des Stoïciens auoit raison de
comparer ses richesses à ces
fruicts qui croissent dans les
precipices, & semblent n'estre
là que pour l'vsage des oyseaux

de proye, & des beftes farouches. Mais celuy qui eft veritablement Liberal fçait donner fans perdre ce qu'il donne, & comme ces belles & viues fources, qui fans tarir iamais, fourniffent aux fleurs &
aux herbes autant d'eau qu'il
en faut pour les entretenir
fresches & en vigueur; luy de-
mefme fçait répandre fes biens
fur les honneftes gens , fans
toutesfois efpuifer le fonds de
fa liberalité. Il entend fi bien
l'art de faire fes prefens de
bonne grace, & de les accompagner de iugement, que rien
ne paraift petit de ce qu'il donne. Et certes la rareté y eft
fouuent plus confiderable que

Le Li-
beral.

Des Pre-
fents.

la magnificence: En hyuer vn
bouquet de rofes bien con-
feruées, eft d'vn prix ineftimable à vne Dame curieufe; &
au commencement du prin-
temps vn abricot meur eft digne d'eftre feruy fur la table
des Reynes. C'eft pourquoy
il faut remarquer les chofes
qui peuuent plaire à celuy que
nous defirons obliger; & puis-
qu'il eft à noftre choix de donner ce que bon nous femble,
ayons foin que ce que nous
defirons qu'on reçoiue de nous
dure long-temps, afin que noftre prefent foit en quelque façon immortel. De cette forte
les ingrats mefmes, font contraints de ne les oublier pas,

pource

pource que leur memoire ne
fçauroit s'empefcher d'eftre
touchée des objects que les
yeux luy reprefentent. Sur
tout il faut bien prendre garde de n'offrir rien à perfonne
qui luy foit inutile, ou mef-
feant: Comme de prefenter
des monftres à vne femme
groffe, des miroüers à vne lai-
de, des gants à vn Religieux,
des liures à vn ignorant, & des
armes à vn Philofophe qui
n'ayme que fes liures. En fin
pour ne faillir point en cette
practique, il eft toufiours important de confiderer le rang,
l'âge, la reputation, les moyens
& la naiffance de ceux enuers qui nous voulons exer-

cer noftre liberalité.

Des autres actions en general.

Mais pour ne m'arrefter pas dauantage à examiner toutes fortes d'actions, il fuffit de dire feulement fur ce fujet, qu'il eft tres-neceffaire, que celuy qui afpire à fe faire goufter dans les cabinets du Louure, & dans les bonnes affemblées, accompagne toutes fes actions d'vne grande prudence. Il faut qu'il foit auifé & adroit en tout ce qu'il fera, & qu'il ne mette pas feulement des foings à s'acquerir toutes les bonnes conditions que ie luy ay reprefentées, mais que la fuitte & l'ordre de fa vie foit reiglé auec vne telle difpofition, que le tout refponde à châque partie.

Qu'il foit toufiours efgal en toutes chofes, & que fans fe contrarier iamais foy-mefme, il forme vn corps folide & parfaict de toutes ces belles qualitez, de forte que fes moindres actions foient comme animées d'vn efprit de fageffe & de vertu. Qu'il foit prompt fans eftre eftourdy, qu'il foit vigilant fans eftre inquiet, qu'il foit hardy fans eftre infolent, qu'il foit modefte fans eftre melancholique, qu'il foit refpectueux fans eftre timide, qu'il foit complaifant fans eftre flatteur, qu'il foit habille fans eftre intrigueur, & fur tout qu'il foit adroit fans eftre fourbe.

DES PAROLES; qui sont la seconde partie de la diuision de la vie.

Apres les actions viennent les paroles, qui font la seconde partie de noftre diuision, & font le plus grand & plus ordinaire commerce de la vie des hommes. C'eft icy particulierement le regne de la memoire, pource qu'outre que c'eft d'elle que dépend cette agreable facilité de s'exprimer, que l'on remarque en plufieurs perfonnes, & que nous admirons aux femmes en qui principalement elle abonde; elle fournit encore fur le champ cette grande multitude de chofes qui feruent d'aliment à l'entretien. Il eft impoffible de donner des reigles certaines de la façon, auec la-

Que le iugemēt fert de guide.

quelle il faut vſer des paroles,
à cauſe de l'infinie diuerſité de
rencontres qui ſe font dans le
monde, où l'on peut à peine
trouuer deux eſprits qui ſoient
entierement ſemblables. C'eſt
pourquoy celuy qui veut s'accommoder à la conuerſation
de pluſieurs, doit ſe ſeruir de
ſon propre iugement pour guide, afin que connoiſſant la dif-
ferance des vns & des autres,
il change à tous moments
de langage, & de maximes,
ſelon l'humeur de ceux auec
qui le hazard ou ſes deſſeins
l'engageront.

Le plus glorieux & plus
vtile objeƈt qu'il puiſſe choiſir
pour employer dignement ſon

DE L'EN-TRE-TIEN

O iij

entretien, eſt ſans doute enuers le Souuerain. La premiere choſe qui luy eſt neceſſaire pour paruenir à cet honneur, C'eſt bien d'en eſtre conneu ; mais ie voudrois que
ce fuſt de la meilleure ſorte.

*De la
premiere
entrée de
l'honeſte
homme
chez le
Roy, &
& quel
doit eſtre
ſõ abord.*

Ie ne voy rien de ſi plat ny
de ſi froid que ces reuerences
ſeiches, que tant d'éfrontez
ont la hardieſſe de faire au
Roy meſme, ſans qu'ils ayent
rien à luy dire, & ſans que l'on
ait rien à luy dire d'eux. Vn
galant homme ne ſera point
touché de cette vanité, ſi ſa reputation n'a paſſé deuant luy,
pour luy rendre l'accés facile:
Ou ſi celuy qui le preſente n'a
vne longue matiere d'entrete-

nir le Prince des fignalez feruices que ce nouueau produit
luy a rendus, ou luy peut rendre à l'aduenir, des occafions
d'honneur où il s'eft rencon-
tré, des bonnes qualitez qu'il
poffede; & enfin s'il n'a en luy
dequoy donner vn agreable
fujeƈt de faire fa Cour à celuy qui en l'introduifant, luy
fera obligé de l'auoir choifi
pour luy rendre cét office.
Eftant eftably de cette forte
dans l'efprit de fon Maiftre,
ie veux qu'il occupe toutes
fes penfées, & qu'il employe
toutes les forces de fon ame à
luy faire connoiftre ce qu'il
vaut: Qu'il ayme pour le moins
autant fa perfonne que fa digni-

té, & que toutes ses actions, ses volontez & ses paroles soient portées à luy complaire sans flatterie. C'est là qu'en profitant à vn seul, il se rend vtile en mesme temps à toute vne Monarchie, & que sa science & sa sagesse, comme de nobles & vigoureuses semences, produisent dans l'ame des Princes des fleurs, dont les fruicts se communiquent à tous leurs sujets. Si bien que celuy qui aymera sa Patrie, sera viuement pressé du desir d'estre aymé des grandes puissances, & aymera ceux qui sont assis dans le throsne pour veiller au bien public. Il s'efforcera de ietter dans leurs esprits de viues lumieres de vertu : Il sera prompt à leur obeïr, & sçaura sagement considerer le temps, le lieu, & les autres circonstances. Son silence mesme, aussi bien que son discours, dependra du mouuement, & de la volonté de son maistre, & sera tousjours si ajusté en parlant à luy, que iamais il ne passera pour importun, ny pour indiscret. Ce qui est dict à propos est tousiours bon, comme aussi les choses à contre-temps ne sont iamais agreables. La cause de ce vice, de vouloir faire l'éloquent à tout propos, vient d'vne vanité folle & ridicule d'estre estimé habile, qui d'ordi-

Du silence & de la parole auprès des Roys.

P

naire n'a que la honte de n'estre
pas escouté, outre le blâme de
legereté & d'extrauagance qui
l'accompagne. Ceux qui ont
le bon-heur d'auoir vn accés
facile auprés des Roys, & qui
peuuent porter leurs paroles
auec quelque confiance iufques à leurs oreilles, eftudie-
ront premierement l'humeur
de celuy qu'ils feruent, & taf-
cheront de fe conformer à la
meilleure & plus forte de fes
inclinations. S'il ayme la guerre, ils ne l'entretiendront que
de hardis deffeins, des moyens
de faire fubfifter de grandes
armées, du bon ordre, & de
la difcipline qui s'y doit obferuer, de la connoiffance qu'il

Qu'il
faut con-
fiderer
l'incli-
nation
du Prin
ce.

Le Prin-
ce guer-
rier.

doit auoir de ſes troupes, de
la ſcience de leur bien commander , des marques d'vn
bon ſoldat, des qualitez d'vn
excellent Capitaine, & generalement de tous les ſecrets
de la prudence militaire. Si au *Le Prin-*
contraire il eſt pacifique, ils ne *ce Paci-*
ne luy propoſeront que des *fique.*
moyens de faire regner la Iuſtice, & de maintenir la tranquilité publique , d'affermir
ſon authorité, de ſoulager ſes
ſujets , de bien meſnager ſes
finances, de faire fleurir le commerce, de conſeruer l'amitié
de ſes voiſins, de ſe faire aymer des ſiens, & craindre des
eſtrangers, & enfin de ſe rendre Arbitre des differents de

Le Prin-
ce amy
des let-
tres, &
des exer-
cices.

tous les Princes de la terre. S'il
prend plaiſir aux lettres, que
celuy qui luy veut plaire re-
garde à quelle ſcience il a le
plus d'inclination , & qu'il y
adonne particulierement ſon
eſtude: Et s'il ayme les honeſtes plaiſirs, qu'il ſe rende aſſi-
du à l'y ſeruir, & à le ſuiure en

Ce qu'il
faut ob-
ſeruer
pour ne
deſplai-
re pas au
Prince.

tous ſes exercices. Mais ſur
tout qu'il ſe garde bien de teſmoigner iamais du chagrin, &
de faire voir qu'il ſe donne la
geſne & ſouffre vne grande
contrainte , en faiſant ce à
quoy il croit n'eſtre obligé que
par ſa propre volonté. Il n'y a
rien qui chocque ſi rudement
les eſprits des Grands que cette
obeyſſance forcée , qu'ils re-

marquent quelquefois au seruice de ceux qui les assiegent
plustost qu'ils ne les suiuent.
Il s'en voit de si mal-aduisez *Defauts*
que de ne se presenter iamais *notables.*
deuant eux qu'auec vn visage
si triste, & si malcontent, qu'ils
semblent tousiours leur faire
quelques reproches. D'autres
pour faire les bons soldats, ne
s'y tiennent iamais qu'en po-
sture de Fanfarons, & rendent
leurs regards & leurs gestes
tellement farouches, qu'on
diroit qu'ils ne viennent là que
pour quereller leur maistre. Il
y en a encore d'autres qui sont
si priuez, dés leur premiere entrée à la Cour, que d'aborder
le Roy mesme auec vn visage

riant & familier, comme s'ils
vouloient careffer vn égal, ou
faire quelque faueur à vne perfonne inferieure. Ces gens-là
feroient plus fages d'aller cacher leurs impertinences dans
le village, que de venir confom-
mer leur bien dans la Cour,
pour n'y feruir que d'objects
de rifée & de mefpris. Il eſt
donc tres-important en toutes
les parties de l'entretien, d'eſtre
touſiours modeſte & refpectueux, foit aux geſtes exte-
rieurs, foit aux paroles; & ceux-
là ne fçauroient durer long-
temps qui croyent de fe mettre en credit auprés des Grands
par l'effronterie. Cette voye
ne laiſſe pas de reüſſir à quel-

Des re-
fpects,
& l'ef-
fronterie

ques-vns , mais elle en ruyne incomparablement plus qu'elle n'en esleue. Certainement il faut confesser que c'est vn des plus dangereux honneurs dont on s'enyure à la Cour que cette familiere hantise auec le Souuerain: Et s'il n'est d'vn naturel excellent, il est bien difficile de se mesler de l'entretenir souuent, sans qu'il eschappe quelque chose qui ne luy plaira pas. Car si vne fois il se persuade qu'il est plus habile que celuy qui le conseille, ou qui l'entretient, dés là sans doute il le mesprisera , & s'il s'apperçoit aussi qu'il le soit moins il aura peine à le souffrir. Naturellement tous les

Precertes importants en l'entretien des Prin. c.s.

hommes ont d'épit de ne valoir
pas tant que ceux qui leur o-
beiſſent, mais ſur tout ceux qui
y ſont obligez par la grandeur
de leur condition; puis qu'il n'y
a rien en quoy l'on cede moins
volontiers qu'à ſe recognoiſtre
de moindre ſens qu'vn autre.

De la ſoumiſ-ſion dont il faut vſer en conſeil-lant les grands Princes.

C'eſt pourquoy les plus ſub-
tils Politiques conſeillent tous
de ne faire iamais trop le ſage
auec ſon maiſtre, & enſeignent
de ne luy donner iamais que
des conſeils timides & douteux: C'eſt à dire de parler à
luy d'vn accent plein de ſou-
miſſion, & qui ſemble pluſtoſt
propoſer ſon auis, que de l'a-
prouuer; afin qu'il connoiſſe
au moins par là que l'on faict

fleſchir

fleſchir ſon opinion deuant
ſon iugement. Quiconque en
vſe ainſi deſtourne de ſoy la
haine & les plaintes dont ſont
ſuiuis les ſiniſtres euenements,
qui ſont ſi durs à ſupporter
aux grands Princes ; à cauſe
qu'ils s'imaginent que la fortune leur doiue obeyr auſſi
bien que les hommes. L'on remarque en effet qu'ils ont preſque tous cette foibleſſe d'im-
puter les malheurs qui leur
arriuent à la mauuaiſe conduite de ceux qui ſont auprés
d'eux. Et de là vient ce precepte ſi commun entre les deliez
Courtiſans, qu'il faut que le
conſeil que l'on donne aux
Roys ſoit lent & conſideré, &

que le seruice qu'on leur rend
soit prompt & actif. Sur tout

De la complaisance enuers les Princes.

ils tiennent pour maxime de
ne leur contredire iamais: Car
l'extreme puissance est d'ordinaire accompagnée d'vn
sentiment si delicat , que la
moindre parole qui luy resiste
la blesse , & semble qu'elle
vueille que ses opinions fassent
vne partie de son authorité.

Contre les Flatteurs.

Ce n'est pas pour cela qu'il
faille deuenir flatteur: Ce vice est trop lasche pour tomber en la pensée d'vn honeste-
homme, outre qu'il n'est pas
si tost descouuert qu'il ruine
le credit & la reputation de
celuy qui pense esleuer sa fortune sur vn si mauuais fonde-

ment. O qu'vn Prince eſt
malheureux, qui au lieu de
fidelles ſeruiteurs ſe trouue
enuironné de ces peſtes publiques, qui infectent leurs eſprits de mille imaginations
vaines & folles, dont leurs
peuples reſſentent apres de ſi
funeſtes effects. Ce malheur eſt
d'autant plus à craindre pour
eux, qu'il eſt comme inéuitable
à leur condition ; pource qu'e-
ſtant contraints côme ils ſont,
d'eſcouter tout le monde & de
ſe ſeruir de pluſieurs perſonnes;
& la flatterie ſe ſeruant du
maſque de la fidelité & de la
veritable amour auec eux,
comme elle faict, il eſt comme impoſſible qu'ils s'empeſ-

Q ij

chent d'en estre trompez. Que
l'homme de bien fuye donc le
reproche d'vne si pernicieuse
malice, comme celuy d'vne notable infamie, & qu'il ne die
aucune chose qui en puisse faire naistre seulement le moindre soupçon. Ie veux bien qu'il
soit accort & souple, mais ie ne
luy sçaurois souffrir vne complaisance seruile , & indigne
d'vn homme d'honneur. Qu'il
ne desapprouue iamais l'opinion de son Maistre auec auda-
ce, mais auec vne modeste hardiesse, & qu'il propose ses sen-
timens comme voulant chercher le meilleur, & non pas
comme croyant l'auoir trouué. Lors qu'il luy voudra de-

De ce
qu'il

mander quelque bien-fait, ou *faut ob-*
feruer en
deman-
dant à
fon
Maiftre. quelque faueur pour luy ou pour vn autre , qu'il la luy re-prefente fi pleine de iuftice, que ce ne foit pas comme par force, & à regret qu'il l'obtien-ne ; pource qu'vne femblable grace eft pire qu'vn abfolu re-fus. Qu'il ne le preffe auffi ia-mais tellement, que s'il arriuoit qu'il fuft refusé, on ne creuft pas l'auoir defobligé : Dautant que l'on voit fouuent que quand les Princes n'ont pas accordé quelque grace à vn pourfuiuant , ils iugent que celuy qui l'a demandee auec beaucoup d'inftance, l'a defirée auec beaucoup d'ardeur : Si bien que ne l'ayant peu obte-

nir, il femble qu'il doiue conceuoir quelque fecrette haine
contre celuy de qui il l'auoit
efperee. Alors fur cette imagination le Prince commence
auffi de fon cofté à les hair eux-
mefmes, iufques à n'en pouuoir fouuent fupporter la prefence. Il faut encore foigneu-
fement euiter de ne fe rencontrer iamais dans les plaifirs
particuliersdes Souuerains fans
auoir l'honneur d'y eftre ap-
pellé : Pource qu'il y a des
temps & des lieux ou ils font
bien aifes de fe trouuer en liberté de dire & de faire tout
ce qui leur vient en fantaifie,
& ne veulent eftre veus ny
ouys de perfonne qui les puif-

Qu'il
faut fuyr
de fe ren-
dre im-
portun
dans les
plaifirs
du Prin-
ce.

se iuger & les tenir dans la contrainte. Que si par hazard il s'y treuue surpris & embarrassé, qu'il tasche à s'en demesler le plus adroictement & le plustost qu'il luy sera possible. Et c'est enquoy l'on peut bien iuger que l'heure & l'endroit ne se doiuent pas moins considerer que la personne en cette penible sorte de conuersation.

Celle des Inferieurs & des Egaux, ou de ceux qui n'ont au dessus de nous que quelque dignité dependante de cette premiere puissance, n'est pas si tenduë, ny si difficile que celle du Maistre. Mais il est aussi bien plus dangereux de s'y relascher, & d'y faire des fautes,

qu'en cette autre, ou l'esprit est
toufiours deuant foy, & prefent aux chofes dont il entre-
prend de difcourir. Cecy fe remarque principalement entre
nos amis particuliers, ou noftre
ame fe fentant defchargee de
cette contrainte qui luy donne la gefne dans les autres
compagnies, laiffe aller tous
fes mouuemens naturels au dehors, auec vne nonchalance
qui nous rend fouuent prefque
tout a fait diffemblables de ce
que nous paraiffons en public.
Neantmoins cette liberté ne
doit iamais eftre fi negligée,
qu'elle ne demeure dans les reigles d'vn doux & honnefte ref-
pect, qui fans iamais faire de

De celle des amis.

violence à l'esprit, luy laisse tirer les plaisirs de cette agreable sorte d'entretien dans leur pureté, & sans aucun meslange d'amertume. Ce temperament pourtant est plus difficile qu'il ne semble, & plusieurs se font admirer dans le Louure, & les celebres assemblees, qui ne peuuent aprendre l'art de viure comme il faut auec ceux qui leur sont les plus confidents, & les plus familiers. La cause de cecy ne procede que de ce qu'ils n'ayment pas bien ceux de qui ils sont aymez, & de la vanité qu'ils ont de croire qu'estant assez honnestes gens, pour ne perdre aucuns de ceux qu'ils ont vne fois ac-

Des fautes qui se commettent en la conuersation des amis.

R

quis, ils ne daignent trauailler
que laschement à les conseruer. Aussi n'est-ce qu'aux lieux
où ils esperent estendre leurs
conquestes, qu'ils debitent leur
bonne humeur, & se reseruent
à iouër sur de grands thea-
tres les meilleurs personnages
qu'ils ayent apris. Cependant
qu'elle injustice est ce faire à
ceux qui nous ayment, de ne
leur aporter que les defauts
de nostre esprit, & donner à
ceux de qui nous ne sommes
pas encore conneus, tout ce
qu'il a de plus excellent pour
plaire? C'est bien ignorer ce
precepte de sagesse qui nous
enseigne que le prix de l'ame
ne consiste pas à s'esleuer haut,

mais à marcher reiglément &
esgalement. Et certes sa vraye
grandeur ne se remarque pas
tant aux choses grandes , &
extraordinaires , comme elle
s'exerce aux mediocres , &
communes. Que ceux-la donc
qui veulent paruenir à vne so-
lide estime taschent à se garder d'estre surpris de cette humeur, qui est proprement celle
des fourbes, dont le décry est si
general dans la Cour.   C'est   *Mal-*
par là que se sont perdus plu-   *heurs*
                                  qui sui-
sieurs qui apres s'estre long-   *uent les*
temps desguisez, ont trouué à   *faux*
                                  amis.
la fin, ayant esté descouuerts,
que ce qu'ils auançoient d'vn
costé se destruisoit de l'autre,
& que les ruines de leurs pre-

mieres amitiés attiroient apres
elles la cheutte de toutes les
autres qu'ils auoient basties
sur de si mauuais fondements.
Et de fait il ne faut presque
rien pour descrier vn homme
en de semblables choses, & le
faire passer pour infidelle, pour
mauuais amy, & pour toute
chose encore pire. Pource que
ces vices estant attachez à l'a-
me qui nous est cachée, nous
sommes bien aises, parmy vne
si grande multitude de personnes qui tiennent bonne mine
dans la Cour, que l'on nous
aprenne lesquels ce sont qui
ont bon & mauuais ieu: Et lors
qu'vne fois nostre imagination
est gagnée, il nous faut des

preuues du contraire bien claires, & en grand nombre pour la faire reuenir ; outre que rarement. aduient-il que nous nous. mettions, en peine de nous defabufer. Cependant les bruits de ces chofes fe multipliants à l'infiny, comme c'eft l'ordinaire de ceux qui ne font pas bons, ces fubtils & rafinez Courtifans fentent que petit à petit chacun fe retire de leur commerce, & qu'ils fe font tout à fait ruinez d'eftime, pour l'auoir voulu acquerir pluftoft grande que bien folide. C'eft pourquoy tous nos foins doiuent eftre employez à gagner de bonne heure & par de bonnes voyes l'opinion des honne-

De l'eftime & du moyen de l'acquerir.

stes gens, puisque tout le monde sçait combien elle est importante à nous accourcir le chemin qui nous peut conduire à la haute reputation. Vn homme seul dans vne grande Cour comme la nostre ne sçauroit tout faire luy-mesme, & s'il n'est aydé de plusieurs, il se sentira souuent accablé de viellesse deuant que d'estre seulement conneu de ses égaux.

Que les esprits iudicieux ont moins d'éclat que ceux en qui l'imagination & la memoire abondët. Ce n'est pas tout que d'auoir du merite, il le faut sçauoir debiter & le faire valoir. L'industrie ayde beaucoup à faire esclater la vertu, & c'est vne chose estrange que ceux sur tout qui sont les plus iudicieux ont le plus besoin de ce se-

cours . Pource que les effects
du iugement font fi lents au
pris de ceux qui naiffent de la
viuacité de l'imagination , &
de la promptitude de la memoire, que fi les bons Iuges ne
prenoient encore la peine de
plaider la caufe de cette forte
d'efprits , auffi bien que de la
iuger, ils feroient bien fouuent
en danger de la perdre. Ie voudrois donc pour cette raifon
principalement que toutes les
fois que noftre Honnefte-homme fera fa premiere entrée
dans quelque grande maifon ,
ou qu'il deura fe rencontrer en
quelque affemblée, où tous les
vifages luy feront inconneus
auffi bien que les humeurs des

personnes qui s'y treuueront,
il y eust fait semer vne bonne
opinion de son esprit, deuant
que d'y produire sa personne.
Et ne faut pas craindre en ce
point se qui se voit en plusieurs autres, où il arriue bien
souuent qu'à force d'ouyr
beaucoup louër l'excellence de
quelque chose, on s'en forme
en l'imagination vne idée si
parfaicte, & la conçoit-on si
admirable, que lors que l'on
vient à la mesurer auec l'original, quelque grand & rare qu'il
se trouue, si est-ce qu'à comparaison de ce que l'on s'estoit
figuré, elle ne laisse pas de pa-
roistre petite & defectueuse.
Icy il faut considerer que les

choses

Differè-
e de
'opinion
que l'on
onçoit
les cho-
es intel-
ctuel-
es, & de
elles qui
ombent
ous les
ens ex-
erieurs.

choſes qui ſe deſtruiſent ainſi par leur propre reputation ſont celles dont l'œil peut iuger d'abord: Comme ceux qui n'ont iamais eſté à Paris, & qui en entendent dire tant de merueilles, peuuent bien ſe l'imaginer encore plus grand & plus peuplé qu'ils ne le treuuent lors qu'ils le voyent. Mais aux bonnes qualitez que les hommes poſſedent, il n'en eſt pas demeſme, car on ne voit d'eux que la moindre partie au dehors: Si bien que le premier iour que l'on commence d'entrer en conuerſation auec vne perſonne, quand meſme l'on n'y auroit treuué rien d'approchant de ce que l'on en

auoit attendu ; on ne ſe deſ-
poüille pas pour cela de la
bonne opinion que l'on en a
conceuë ; mais on attend de
deſcouurir de iour en iour
quelque vertu cachée ; rete-
nant touſiours ferme cette
premiere impreſſion qui s'eſt
formée en noſtre eſprit par
le teſmoignage de pluſieurs
habiles gens. Or ces premie-
res impreſſions ſont ſi puiſſan-
tes, ou pluſtoſt ſi tyranniques,
qu'encore qu'elles n'ayent
point de plus ſolide fondement
que les bruits communs, elles
ne laiſſent pas d'vſurper ſur la
raiſon l'authorité de iuger, &
aueuglent ſi fort l'entendement, qu'il ne peut plus diſcer-

De l'o-
pinion :
l'on a-
ueugle-
ment, &
la ty-
rannie.

ner le vray d'auec le faux, ny
le bon d'auec le mauuais. Les
Italiens font vn certain conte,
qui ne prouue pas mal cette
force de l'opinion : Mais pource que depuis peu d'années il a
esté renouuellé en France auec
les mesmes circonstances, il
vaut mieux le faire tel que
nous sçauons qu'il est aduenu,
que de recourir à des noms
estrangers. C'est d'vn Gentil- *Exemple*
homme de fort bon lieu, & *pour*
prouuer
d'vn excellent merite, lequel *la force*
de l'opi-
estoit nay assez heureusement *nion.*
à la Poësie, & monstroit assez
d'ardeur de Genie, & de force
de iugement pour luy faire esperer l'aprobation de ceux qui
n'y regardent pas de si prés, &

mesme pour luy faire meriter
vne bonne reputation. Neantmoins comme la Fortune se
mesle encore de la distribuer,
aussi bien que les richesses &
les dignitez ; cetuy-cy fut si
malheureux, que rien de tout
ce qu'il faisoit ne pouuoit estre
agreable aux personnes, à qui
principalement il auoit enuie
de plaire. Il voyoit bien que
ce dégoust ne venoit que d'vne
opinion preoccupée , & iu-
geant assez sainement de ses
ouurages, comme il faisoit,
pour connoistre que s'ils ne
meritoient d'extrémes loüanges, du moins n'estoient-ils dignes d'aucun mespris, il se ser-
uit d'vne assez plaisante subti

lité pour monftrer l'iniuftice
que l'on luy faifoit. Il eut foin
premierement de recoüurer
vne piece de Malherbe, que
les curieux auoient long-temps
attenduë & dont il eut la premiere copie, laquelle il auoit
promis de monftrer à ceux
qu'il vouloit furprendre. Auffi-
toft les eftant allé treuuer pour
leur tenir parole & les tromper
tout enfemble, comme il fit,
au lieu des vers qu'ils atten-
doient, il leur en fuppofa d'autres qu'il auoit compofez fur
le mefme fujet. A deffein il les
auoit fait imprimer auec le
nom de Malherbe au com-
mencement, afin de donner
plus d'authorité à fon inuen-

tion. Ces gens que la reuerence
de ce nom auoit desia tous dif-
posez à l'admiration de ces
vers, à la fin de châque Stance
se mettoient à faire des excla-
mations, & à tesmoigner des ra-
uissements si extraordinaires,
qu'il sembloit que ce fust quelque ouurage qui leur fust tombé du Ciel, tant ils y trouuoient de diuinité. Apres qu'il
leur eut donné le loisir de reuenir de cette profonde exta-
se, où l'admiration sembloit
les auoir plongez, il les pria
d'en voir encore d'autres es-
crits à la main qu'il disoit estre
de luy, & qui estoient veritablement ceux de Malherbe, &
les supplia de juger, si comme

leur matiere estoit la mesme, la
façon de l'employer se treuueroit beaucoup differente. Quel
effet de l'imagination! Presque
tous , comme d'vn commun
consentement, s'arresterent à
chocquer d'abord le premier
vers de mille reprehensions impertinentes & ridicules: Chaf-
que mot faisoit trois ou quatre
fautes , pas vn n'estoit françois, ny logé en sa place, ce
n'estoit rien que rudesses &
transpositions , les virgules
mesmes estoient mal mises, &
à leur voir faire l'anatomie de
ces vers, on eust dit que c'eust
esté du Suisse qu'on leur eust
donné au lieu de François. Le
second ny le troisiesme ne fu-

rent pàs mieux traittez que le premier, & si la nuiꞓt ne les euſt ſurpris ſur le quatrieſme, ſans y penſer ils alloient conclure à la fin de la Stance que Malherbe n'auoit pas le ſens commun. Ie laiſſe à penſer à tout le monde quelle deuoit eſtre la confuſion de ces bons Iuges, lors qu'ils ſçeurent les veritables autheurs de l'vne & de l'autre de ces deux pieces. Ie m'arreſte ſeulement a conſiderer les eſtranges effeꞓts de l'opinion, qui toute eſtourdie & aueugle qu'elle eſt, faiꞓt ainſi ployer l'eſprit de l'homme à ſon gré, & meine ſa volonté de tous coſtez auec vn empire auſſi abſolu que ſi elle

auoit

auoit la raiſon pour guide. S'il
m'eſt permis de parler icy de
mes intereſts ſans faire vne im-
pertinence, on verra bien que
ce n'eſt pas ſans ſujet que ie
nomme ſon pouuoir tyranni-
que, puis qu'elle peut faire
paſſer dans le monde tous les
hommes pour ce qu'elle veut:
Vn habile pour vn ſot, vn ſage
pour vn extrauagant, vn homme retenu pour vn desbau-
ché, & generalement renuer-
ſer tout l'ordre que la raiſon
& la verité ont eſtably dans
le monde. Ie ne ſuis gueres
d'humeur à me debiter pour
autre que ie ne ſuis; auſſi n'ay ie
garde de me vouloir faire paſſer pour vne perſonne qui ſoit

Autre
exemple
ſur le
meſme
ſujet.

T

fort reiglée en sa vie : Et certes le tracas & le desordre
dans lequel roulent tous ceux
qui sont engagez à la suitte de
la Cour, ne leur permet pas
d'exercer ces belles vertus, qui
requierent ce doux & paisible estat de vie, apres lequel
ie soûpire de si bon cœur.
Neantmoins ie puis dire auec
verité, & de cette verité peuuent estre tesmoins tous ceux
de qui ie suis particulierement
conneu, que iamais ie n'ay ex-
posé ma raison au hazard d'e-
stre surprise d'aucun excez.
Que si l'amour des honnestes
gens & de leur conuersation
m'a fait passer, auec ceux que
i'ay conneus, vne partie de ma

vie dans d'honnestes reſiouiſ-
ſances & parmy des plaiſirs in-
nocents, i'ay ſujet de loüer
mon bon-heur d'auoir ainſi
veſcu, pluſtoſt que d'auoir regret de m'eſtre trouué dans
ces compagnies. Cependant ie
ne ſçay comme il s'eſt rencon-
tré que mon nom, par malheur,
ryme ſi heureuſement à *Caba-
ret*, que les bons & les mauuais
Poëtes, mes amis & les inconneus confuſément, & auec
meſme liberté ſe ſont ſeruis de
cette ryme qu'ils trouuoient
ſi commode, & l'ont renduë ſi
publique, que la pluſpart de
ceux qui ne me connoiſſent
pas bien, s'imaginent que ie
ſuis quelque bouchon de ta-

uerne, ou quelque goinfre qui
ne defenyure iamais. De mefme en vne des meilleures affemblées de France, où l'on
donnoit à chacun vn epithete
qui exprimoit quelque de-
faut, ou quelque vertu de celuy à qui il eſtoit impoſé, i'eus
celuy de Vieux, parce qu'à ma
mine ie monſtrois auoir dix
ans plus que ie n'auois en effet:
Depuis ce temps là mes amis,
& pluſieurs perſonnes de qualité ſe ſont tellement accou-
ſtumez à m'appeller ainſi, qu'il
eſt arriué plus d'vne fois que
l'on a eu de la peine à me faire
paſſer pour moy-meſme à
d'aucuns qui ne m'auoient iamais veu, pource que ie n'a-

rroiſieſ-
ne exem-
le ſur
e meſ-
ne ſujet.

uois pas vne grande barbe
blanche, ny aucune autre marque de vieillard. Pour ce point
de l'âge il m'eſt tres-indiffe-
rent que l'on en die & que
l'on en croye ce que l'on voudra, ie ne l'alleguë ſeulement
que pour prouuer ce que peut
l'opinion. Mais quant à l'autre
exemple qui va aux bonnes
mœurs, en quoy tout le monde eſt obligé de conſeruer ſa
reputation, i'auoüe que ie ſe-
rois bien-aiſe que l'on me creut
tel que ie ſuis, & que l'on me
conneut pluſtoſt par mes a-
ctions que par les ſornettes
qui ſe chantent aux carre-
fours. Mais puis que mes a-
ctions ſont trop communes

Excuſe de l'Au-theur ſur les deux exemples prece-dents.

pour auoir de l'esclat, ie m'as-
seure que l'on ne trouuera pas
estrange si ie me monstre comme ie puis, & si ie me sers de
l'occasion de ce discours pour
faire cette declaration.

DE LA
CON-
VERSA-
TION
DES
GRANS
Il est donc tres-necessaire
d'éuiter les mauuais bruits, &
de faire naistre vne bonne opinion de nous dans l'imagination de chacun, s'il se peut,
mais particulierement il est
important, comme i'ay dict
souuent, de preuenir celle des
Grands : Pource que l'estime
qu'ils font de quelqu'vn, donne vne certaine autorité à sa
reputation, qui dispose si puis-
samment les esprits de tout le
monde à croire de grandes

chofes de luy, qu'en moins de
rien il fe trouue au comble de
cette eftime, où ie veux qu'vn
Honnefte-homme fe fçache
mettre, & fe maintenir par l'excellence de fes actions & de fa
conduitte. A celuy qui a peu
paruenir iufques à ce point,
de meriter que les perfonnes
d'éminente condition faffent
eftat de fa vertu, il eft aifé de
paruenir encore iufqu'à cette
faueur, d'eftre receu en leur
familier entretien. Ie voudrois
qu'il commençaft à defployer
par là les bonnes qualitez de
fon efprit à bien & agreablement conuerfer ; pource que
cela feul, d'eftre ainfi meflé
parmy de telles gens, le peut

porter bien haut, & le mettre d'vne volée à pretendre aux grandes choses. Il faut dire hautement, que nostre Cour a cet auantage par dessus toutes celles qui sont au monde, qu'vn Honeste-homme, quand mesme il seroit nay assez bassement pour n'oser s'approcher des Grands qu'auec des soumissions d'esclaue, si est-ce que si vne fois il leur peut faire connoistre ce qu'il vaut, il les verra, à l'enuy les vns des autres, prendre plaisir à l'esleuer iusques à leur familiaire communication. En effect il n'y a gueres de nos Princes mesmes, qui se retiennent si iustes dans le poinct sublime de

leur

leur rang, que si vne personne
a rendu son nom remarqua-
ble par quelque excellente partie, ils ne fassent gloire de le
caresser. Leurs accueils pour le
moins sont obligeants enuers
les vertueux, & presque tous
tesmoignent estre bien aises
d'en estre visitez & entrete-
nus, plustost mille fois que de
plusieurs personnes de grande
condition, qui n'estans receus
dans les bonnes maisons, qu'à
cause simplement de la leur,
n'y entrent iamais qu'on ne
soit en peine de chercher quelque honneste excuse pour faire en sorte de ne les voir point.
Lors donc que celuy qui n'a
que sa vertu pour guide &

pour support eſt arriué à ce
haut comble de gloire, de ſe
trouuer comme compagnon
de ceux qu'il pourroit auec
honneur nommer ſes maiſtres,
il doit ſçauoir ſi ſagement vſer
d'vn ſi notable auantage, que
iamais il ne manque à aucuns
des reſpects que l'on a de cou-
ſtume de rendre à ces perſonnes releuées.

Il doit bien auſſi ſe garder
de tomber en l'autre extrémité de ceux qui taſchent de faire naiſtre à tous coups des occaſions d'exercer leur ciuilité;
car à la fin à force d'eſtre honneſte, il pourroit deuenir importun. Les Grands à la verité veulent bien que l'on rende

Des hon-
neſtes re-
ſpects, &
des re-
ſpects
impor-
tuns.

ce que l'on doit à leur condition ; mais ils ne craignent rien
tant que la rencontre de ces
fascheux qui font touſiours
en embuſcade pour leur tirer
quelque mauuais compliment,
ou les incommoder de quelque ſeruice inutile. Et à parler ſainement, ie ne m'eſtonne
pas ſi ces perſonnes, pour qui
ſeules il ſemble que les choſes
agreables ayent eſté faites,
treuuent ces honneurs ru-
des & peſants, puis qu'il
n'y a pàs vn de ceux qui ſont
au deſſous d'eux qui ne les
treuue inſupportables. Ce defaut eſt l'vn des plus grands de
la conuerſation, & s'en voit
peu qui ne s'abandonnaſſent

Contre
les opi-
niaſtres
faiſeurs
de com-
plimens.

pluftoft à l'entretien d'vn extrauagant ou d'vn querelleur, qu'à
celuy de ces opiniaftres faifeurs de compliments. Sur tout
à vne ame franche, & qui croit
que châque parole qu'elle dit
par bien-feance oblige fa foy,
c'eft vne gefne bien tyranni-
que que la rencontre de cette
forte d'efprits embarraffants.
Il y a bien à la verité des occafions où il eft impoffible d'é-
uiter ces efpines, mais les honneftes gens fçauent couler par
deffus, fans en eftre picquez.
Auffi n'y a-il que les nouueaux
venus, & ceux qui font naturellement enclins à la coquetterie
qui s'en picquent. Si bien qu'il
femble que cette odieufe forte

d'entretien ſoit auiourd'huy
demeurée en partage aux petites ſoubrettes , & à quelques malheureux ſuiuants,
qui croiroyent n'eſtre pas de
la Cour, ſi iuſques aux entretiens les plus communs, ils
ne trouuoient quelque matiere propre à eſtre infectée de
leurs impertinentes ceremonies. Que s'il eſt vray ce que
l'on dit , qu'il y ait des eſprits
ſi malades que de faire vne
eſtude particuliere de cette ridicule ſcience, ie m'eſtonne certes qu'on ne les chaſſe des Republiques, & qu'on ne les pu-
nit des meſmes peines que les
loix ordonnent contre les Per-
turbateurs du repos de l'Eſtat;

puis qu'il n'y en a point qui
troublent tant la societé hu-
maine que cette importune
forte de gens. Iamais vn Ho-
nefte-homme n'abufera ny
de ce qu'il peut dire, ny des
actions de bien-feance dont il
fçaura l'vfage, & fur tout en la
frequentation des Grands, qui
fe dégoufteroient auffi-toft
des ceremonies fuperfluës,
dont il penferoit les obliger.

De l'é-
galité
d'hu-
meur.

Mais il eft à confiderer que
lors qu'il reuiendra de ce grãd
monde, il faut qu'il ait vne raifon affez forte pour fe retrou-
uer parmy fes égaux & fes inferieurs, fans tefmoigner d'a-
uoir la tefte furprife de ces fu-
mées: Car s'il auoit la foiblesse

de s'en laiſſer enyurer, il deuiendroit bien-toſt le meſpris
& le ioüet des vns & des autres. Cette égalité à viure de
meſme train auec ſes amis &
les perſonnes priuées, au ſortir de deſſous les Daïs & d'entre les Baluſtres, eſt vn charme nompareil à rauir les cœurs
genereux: Pource que comme
rien ne leur eſt plus inſuportable que l'inſolence de ceux à
qui la faueur des Grands ren-
uerſe le ſens: De meſme il n'eſt
rien qui leur plaiſe tant, ny qui
leur ſoit vn plus veritable au-
gure d'vne vertu bien ſolide,
que de n'eſtre point eſbblouy
de l'eſclat de tant magnificen-
ce. Celuy neantmoins qui joüit *Des con-*

noiſſan-
ces hon-
teuſis,&
des hon-
neſtes
habitu-
des.

de ces honneurs doit obſeruer de ne rendre pas ſa conuerſation & ſon amitié commune à toutes ſortes de perſonnes, depeur qu'à la fin elle
ne deuinſt de mauuaiſe odeur
à ceux qui croiroyent beaucoup raualer la leur, que de la
laiſſer deſcendre iuſques à luy.
Pour mille raiſons vn habile homme ne doit iamais ſe
meſler dans la canaille, ny eſta-
blir de commerce auec des
perſonnes deſcriées. Il faut
bien du temps à racommoder
vn ſalut familier qu'vn cele-
bre Filou, ou vne femme aban-
donnée, ou quelque autre de
mauuaiſe marque luy aura fait
en preſence de pluſieurs perſonnes:

fonnes de qualité: Et fi quelqu'vn de la compagnie , ou
luy-mefme ne peut faire tomber de bonne grace cette cognoiffance dans la raillerie , il
eft bien à craindre qu'il ne refte quelque mauuaife opinion
en l'efprit de ceux qui y auront fait vne reflexion particuliere. Il eft donc important
de n'auoir que des habitudes
honeftes, & dont on ne puiffe
iamais rougir deuant ces perfonnes, dont les foupçons font
d'autant plus à craindre, qu'elles ne prennent gueres fouuent la peine de les éclaircir.
Quiconque peut fortir de
bonne grace de ces illu-
ftres affemblées , peut facile-

X

ment esperer l'entrée de toutes les autres, & d'y estre desiré, & receu auec joye & applaudissement. L'vn des grands biens qui luy reuient d'estre ainsi conneu, c'est que les meschans craignent de l'attaquer, & les enuieux n'osent qu'en tremblant exercer contre luy leur malice. Ils ne sçauent où verser en seureté leur poison contre sa vie ; pource que comme ils voyent qu'il a par tout des approbateurs de ses actions, ils s'imaginent que ce sont autant de protecteurs de sa vertu. Ainsi ceux mesmes qui haissent sa gloire sont contraints de la publier auec les autres, afin du moins qu'en

Des a-
uant a-
ges qui
reuien-
nent d'e-
stre con-
neu des
Grands.

loüiant cetuy-cy, ils se reseruent l'autorité de mieux noir-
cir quelque autre, sur qui ils
treuueroit plus de prise.

Cependant soit auec les
Grands ou auec les mediocres,
soit auec les familiers, ou auec
les estrangers & les inconneus,
& generalement auec toutes
sortes de conditions differentes il y a des maximes princi-
pales à obseruer, des fautes à
fuyr, & de certaines adresses
à pratiquer, ausquelles si vne
personne qui pense cingler de
bon vent ne prend garde, il
est bien difficile qu'elle s'em-
pesche de faire naufrage. L'v-
ne des plus importantes & des
plus vniuerselles maximes que

MAXI-
MES
GENE-
RALES
DE LA
CON-
VERSA-
TION.

Qu'il
faut
vaincre
les pas-
sions, &

dompter
ses hu-
meurs.

l'on doiue ſuiure en ce commerce , eſt de moderer ſes
paſſions, & celles ſur tout qui
s'eſchauffent le plus ordinairement dans la conuerſation,
comme la colere, l'emulation,
l'intemperance au diſcours, la
vanité à taſcher de paroiſtre
par deſſus les autres: Et en ſuitte de celles-cy , l'indiſcretion ,
l'opiniaſtreté, l'aigreur, le dépit, l'impatience , la precipita-
tion , & mille autres defauts,
qui comme de ſales ruiſſeaux
coulent de ces vilaines ſour-
ces. Et certainement lors qu'vn
eſprit eſt ainſi infecté de ces
mortelles ſemances, quelle ap-
parance y a-t'il qu'il puiſſe produire que des fruits amers, &

que ceux qui l'ont reconneu
ne taſchent d'en fuyr l'abord,
comme d'vne perſonne ſurpri-
ſe de quelque maladie conta-
gieuſe? Soyons donc maiſtres
de nous-meſmes, & ſçachons
commander à nos propres af-
fections, ſi nous deſirons gaigner celles d'autruy: Car il ne
ſeroit pas iuſte de pretendre
à la conqueſte des volontez de
tant d'honeſtes gens qui ſont
à la Cour, ſi premierement
nous n'auions apris à ſurmon-
ter noſtre volonté propre, &
à luy donner des loix capables
de l'arreſter touſiours dans le
centre de la raiſon.

Vn eſprit moderé, & qui
ne ſe laiſſe point emporter le-

gerement, en tous les deſſeins qu'il aura, ſoit pour affaires, ſoit pour plaire, ſçaura prendre ſon temps, preſſer & diferer à propos, ſe ployer & s'accommoder aux occaſions, en ſorte que rien de ce qui le choquera ne le puiſſe bleſſer. S'il veut & ſi la generoſité n'y eſt point offenſée, il ſçaura feindre, il ſçaura deſguiſer, & lors qu'vn expedient viendra à luy manquer, il ſe trouuera touſjours d'vn eſprit aſſez tranquille & aſſez ouuert, pour en inuenter mille autres capables de terminer ce qu'il pourſuit.

Vn turbulent au contraire, & qui ſe laiſſe vaincre aux premiers mouuements qui l'aſſaillent, embroüillé tellement ſa conduitte, qu'il deuient à charge à tout le monde, & ſe rend inſupportable à ſoy-meſme. Il ne fait rien que par impetuoſité, & comme il n'a ny ordre ny reigle qui luy ſerue de guide, tous ſes conſeils & toutes ſes entrepriſes ſe ſentent de la confuſion qui regne dans ſon ame. Iamais il ne ſçait fleſchir à propos, & s'eſt tellement aſſuietty à ſes humeurs, & à ſes opiniaſtretez, qu'il s'imagine que tout ce qui les contrarie ne peut eſtre conforme au bon ſens. Ces pauures gens là ont bien à ſouffrir dans le monde; auſſi vn habile homme s'y prend bien d'vn autre air, &

n'a garde de se rendre si fort
esclaue de ses inclinations, qu'il
ne puisse en tout temps les faire ployer sous celles de la personne à qui il aura enuie de se
rendre agreable. Cette soup-
plesse est l'vn des souuerains
preceptes de nostre Art: Quiconque sçait complaire peut
hardiment esperer de plaire:
Et veritablement l'vne des
plus infaillibles marques d'v-
ne ame bien née, c'est d'estre
ainsi vniuerselle, & suscepti-
ble de plusieurs formes, pourueu que ce soit par raison, &
non par legereté, ny par foiblesse. Il y a du rustique &
du stupide, d'estre tellement
pris à ses complexions, qu'on
ne

De la
complai-
sance.

ne puisse iamais en relascher
vn seul point. Vn esprit bien fait
s'ajuste à tout ce qu'il rencontre, & comme on disoit d'Alci-
biade, il est si accommodant, &
faict toutes choses d'vne certaine sorte, qu'il semble qu'il
ait vne particuliere inclination
à châcune de celles qu'on luy
voit faire. Il n'y a point d'humeurs si extrauagantes auec
qui il ne puisse viure sans
brouillerie, ny si bijarres auec
qui il ne trouue le moyen de
compatir. S'il se rencontre
auec vne personne transpor-
tée de colere, il sçaura si dextrement ceder à la premiere
violence de cette passion, qui
entraisne tout ce qui luy resiste,

Que l'Honeste-homme sçait viure auec les humeurs bijarres & violentes.

Y

qu'infenfiblement il refroidira
cette ardeur aueuglée de ven-
geance, & petit à petit fera
tomber les armes des mains
de celuy qui vn peu aupara-
uant n'auoit que des penfées
de fang & de fureur. Lors
au contraire qu'il fe trouuera
auec ces humeurs douces &
froides, qui ne fortent iamais
d'vne mefme affiette, & qu'aucune iniure n'eft capable d'ef-
mouuoir, ou pluftoft, qui n'o-
fent fe mettre en colere, depeur de s'engager en quelque
obligation de fe vanger; il n'al-
leguera iamais que des exemples de fageffe & de moderation d'efprit, & fans faire le
poltron par fes difcours, fçaura

Auec les humeurs douces, & froides.

si bien faire le prudent, qu'il ne
chocquera iamais les sentiments de celuy dont il desire-
ra gaigner l'affection. Auec
vn Amoureux il aura beau jeu,
car n'y ayant gueres de galans
hommes à la Cour qui n'ayent
esté troublez de cette douce
folie, il aura apris par sa propre experience toutes les choses qui plaisent à ceux qui en
sont malades. Il descouurira
à tous coups des graces & des
beautez nouuelles en la personne aymée, dont peut estre
l'Amant mesme ne s'estoit iamais aperceu. Elle n'aura point
d'attraits dans l'esprit qu'il ne
loüe, ny de si petits traits dans
le visage qu'il n'examine auec

Auec les humeurs amou-reuses.

admiration. Et pour rendre
ſa complaiſance parfaitte, il
pourra en ce poinct ſeulement
pancher vn peu du coſté de la
flatterie, auec quelque ſorte
de legitime excuſe, & ſur tout
ſi la fin en eſt bonne, Elle n'aura
point de defaut qu'il ne deſ-
guiſe par quelque terme d'a-
douciſſement: Si elle a le teint
noir il dira qu'elle eſt brune,
& que telle eſtoit la plus grande partie des Beautés que l'Antiquité a admirées: Si elle a les
cheueux roux, il approuuera
le gouſt des Italiens & des autres Nations qui les ayment
ainſi, & celuy des Poëtes les
plus delicats, & les plus amoureux qui ne vantent iamais

que les cheueux de cette cou-
leur : Si elle eſt trop maigre, &
trop petite, elle en ſera d'autant
plus adroitte & plus agile ; Le
trop de graiſſe, ne ſera qu'em-
bon-poinct : L'excez en grandeur, paſſera pour vne taille de
Reyne & d'Amazone : Et en
fin il couurira châque imper-
fection du nom de la perfection la plus voiſine. La principale choſe à quoy il pren-
dra garde, c'eſt qu'il ne paroiſſe
point de diſſimulation en ſon
diſcours, & que ſon viſage ne
démante point ſa bouche, ny
ne deſtruiſe pas en vn moment
ce que ſon eſprit aura bien eu
de la peine à inuenter. C'eſt
bien certes vne facheuſe con-

Princi-
pal pre-
cepte de
la com-
plaiſan-
ce.

trainte à vne ame libre d'eſtre
ſouuent parmy des humeurs
ſi diferantes & ſi contraires à
la ſienne, & quelque habile &
complaiſant que ſoit vn homme, il eſt bien dificile qu'à la fin
il n'engendre du chagrin à ſe
contrefaire ainſi, & ſe donner
ſi ſouuent la torture. Mais
auſſi lors qu'il ſe trouuera parmy d'honneſtes gens, & qui
comme luy auront toutes les
parties de la generoſité, il ſe
recompenſera pleinement de
ſes mauuaiſes heures. Là il
pourra en toute liberté laiſſer
agir ſon inclination naturelle,
& ouurir ſon ame iuſques au
fonds, ſans craindre que ſes
ſentiments ſoient chocquez:

De la liberté qui ſe trouue parmy les honneſtes gens.

Pource que la vertu eſtant par
tout égale, rend conformes
les opinions de tous ceux qui
la ſuiuent. O quel plaiſir reſ-
ſent vn eſprit bien-faiƈt d'en
rencontrer d'autres qui l'ont
de meſme trempe que luy; &
cõbien toutes les autres ioyes
ſont imparfaites au prix de la
ſienne, qui eſt d'autant plus
pure & plus douce, qu'il con-
noiſt plus clairement que perſonne, le contentement dont
il iouyt, eſtre le ſouuerain bien
de la vie! Mais il faut ſortir
de la complaiſance pour contrarier ceux qui parlent trop.
Veritablement ce defaut eſt
l'vn des plus grands de la conuerſation, & des plus perni-

*Contre
les grãds
parleurs.*

cieux de la vie ; comme auſſi la puiſſance de ſe taire en eſt l'vne des plus vtiles ſciences. Quiconque n'aura pas ce commandement ſur ſoy, ſe doit bien empeſcher de hazarder

De la difficulté à ſe taire.

ſa fortune à la Cour. Il ſemble qu'il n'y ait point de vertu plus aiſée à acquerir que celle-cy ; & cependant on peut dire qu'il n'y en a point de plus difficile ny de plus rare. Il ſe trouue beaucoup plus de perſonnes vaillantes, plus de liberales, plus de chaſtes, & plus de moderées en leurs plus violentes paſſions, qu'il ne s'en voit de celles qui ſçauent obſeruer le ſilence comme il faut. Ie ne ſçache guere de preuue plus

euidente

euidente de noſtre foibleſſe,
& de noſtre imprudence que
celle-cy ; de dire que tous les
Sages & en tous les ſiecles ont
crié que la langue eſtoit la plus
vtile & la plus pernicieuſe partie qui fuſt en l'homme, ſelon ſon bon ou mauuais vſage:
Tous nous ont enſeigné qu'elle n'eſtoit ainſi liée de tant de
chaiſnes naturelles, ny enuiron-
née de tant d'obſtacles & de
rampars, que pour nous auertir que la parole comme vn precieux treſor y eſt enfermée, de
laquelle la conduite eſt ſi delicate, qu'elle ne ſçauroit s'eſ-
couler abondamment ſans vn
notable danger. Et neantmoins
nous voyons preſque tout le

monde en abuſer tellement ,
qu'on peut dire , que quiconque a vne langue dans la bouche, porte auec ſoy ſon plus
cruel & plus redoutable ennemy. On peut bien dire auſſi

De l'in-
commo-
dité que
donnent
le: grãds
parleurs

auec verité que ceux qui en
aucun temps, ny pour aucune
conſideration que ce ſoit, ne
peuuent arreſter ce déborde-
ment de paroles, ſont bien en-
nemis des douceurs de la conuerſation. Quel ſupplice inſuportable eſt-ce à vne perſonne, ſur tout ſi elle eſt ſeule , &
preſſee de quelque deſſein, de
rencontrer de ſemblablesgens,
qui pour rien du monde ne
ſçauroient laſcher vn homme,
qu'ils ne l'ayent aſſaſſiné du

recit de toutes leurs affaires, &
de tous les procez de leurs pa-
rens & de leurs voiſins? Dans
les compagnies où ils ſe treuuent il n'y a preſque iamais
qu'eux qui parlent, ou ſi quelque perſonne d'autorité & de
bon ſens entame vn propos
ſerieux, ils ont bien l'effronterie de l'interrompre, pour ne
dire que des ſottiſes: Car leur
eſprit n'ayant pas la force de
prendre la ſuitte d'vn raiſonne-
ment iudicieux, ils ont auſſi-
toſt recours à leur babil, &
font comme ces boiteux, qui
eſtant contraints de monter à
cheual, oſent bien faire gloire
de deuancer au galop ceux
qu'eſtans à pied, ils ne pou-

uoient fuiure au fimple pas.
Toufiours ils ont , ou la plus
plaifante , ou la plus eftrange,
ou la plus admirable chofe du
monde à dire ; & toutesfois ils
n'ont iamais que les mefmes
pieces à ioüer, & encores font-
elles fi froides & fi vieilles que
dés le premier mot ils com-
mancent à bleffer l'attention
des plus patiens. Leurs contes
les plus agreables & les plus à
la mode, font ordinairement,
ou de leurs beaux faicts, ou de
ceux de feu Monfieur de Bi-
ron, ou de quelque autre Capitaine de l'autre fiecle: Et lors
qu'ils fe veulent mefler de dire
des nouuelles , ils font fi peu
iudicieux à choifir les bonnes

*Imper-
tinences
ordinai-
res des
grands
parleurs.*

& celles dont on est curieux,
qu'ils s'amuseront plustost à
debiter quelque gazette des
choses qui se passent au Mexi-
que, ou à Goa, pource qu'il y
a bien loin de nous, qu'ils ne
prendront le soin de s'informer
du siege de Cazal, ou du progrez que les Hollandois font
au Pays-bas, pource que cela
n'est qu'à nostre porte. En fin
tous leurs discours sont tellement à contre-temps, que les
bonnes choses deuiennent
mauuaises en leur bouche, &
les agreables y perdent toute leur grace. Aussi n'y a-il que
ceux qui sçauent se taire auec
iugement, qui sçachent parler
de la mesme sorte. Thersite

qu'Homere a eu deſſein de repreſenter comme le plus im-
pertinent & le plus vicieux qui
fuſt dans tout le camp des
Grecs au ſiege de Troye, ne
depeint aucun de ſes defauts
auec tant de ſoin, que celuy
qu'il auoit d'eſtre vn grand
& inſuportable cauſeur; & luy
fait bailler, en vn endroit, vn
coup de ſceptre ſur les oreilles
par le Roy Agamemnon, pour
apprendre à ſe taire à ceux qui
n'ont pas apris à parler. Or
ceux qui ſont poſſedez de ce
Demon parleur, ne ſont pas
ſeulement importuns à laſſer
les oreilles de tout le monde
de leur fables ridicules, on remarque, outre cela, qu'ils ſont

Vices or-
dinaires
des grãds
parleurs.

ordinairement vains, blafphemateurs , medifans, infignes
menteurs, & demefurément
curieux des fecrets d'autruy,
pour auoir le plaifir d'en entretenir le premier venu qui les
veut efcouter. Ce dernier vice
eft vn des plus malins & des
plus noirs qui foüillent l'ame
des mefchans. Ie parleray des
autres que ie viens d'alleguer,
lors qu'il en fera temps: Maintenant ie ne puis m'empefcher
de me mettre en colere prefque vniuerfellement contre
tous les hommes, qui font fi
peu fidelles, qu'à peine s'en
trouue-t'il vn, qui le foit affez
pour fi bien conferuer le fecret d'autruy, qu'il ne fe laiffe

De la difficul-té qu'ont les hom-mes à cõ-feruer les fecrets qui leur font com-muni-quez.

emporter à cette preſſante ten-
tation, d'en faire part du moins
à vn intime & diſcret Amy.

*Exemple
ſur ce
ſujet.* L'exemple de Midas , quoy
que fabuleux, prouue plaiſam-
ment cette verité. Ce pauure
Roy deſirant cacher ſes lon-
gues oreilles d'Aſne , qu'vn
deſpit d'Apollon luy auoit fait
croiſtre au lieu des ſiennes,
auoit vn ſoin nompareil de
les couurir auec de grandes
tyares de pourpre qu'il por-
toit ordinairement ; mais il ne
peut empeſcher qu'en fin ſon
Barbier ne les deſcouuriſt. Cet
homme n'oſant reueler ce ſecret à perſonne de peur de ſe
perdre, ny ne pouuant auſſi le
taire plus long-temps , par
cette

cette honteufe foiblefle , qui
eſt naturelle preſque à tout le
monde: A la fin ſe ſentant viuement preſſé, & ne pouuant
plus retenir ſa langue empeſ-
chée d'vne choſe que toutesfois il ne pouuoit dire , ſans
mettre ſa vie en vn danger eui-
dant, il ſe reſolut de s'aller deſ-
charger bien loin dans les
champs de cet importun far-
deau qui luy donnoit tant
d'inquietude. Là ayant regardé tout autour de ſoy , & ſe
trouuant bien ſeul , il ſe mit à
faire vn creux aſſez profond
dans terre: Apres s'eſtre ietté
dedás, & courbé tout contre le
fonds de la foſſe,il ſe mit à dire
le plus bas qu'il luy fut poſſible.

Le Roy Midas a des oreilles d'Asne.

S'estant ainsi en quelque façon soulagé, il recouurit cet
endroit là de terre, de peur que
le secret ne vinst peut-estre à
s'eschapper. Neantmoins ne
l'ayant pas bien remply, il y
resta vn petit espace vuide, où
l'eau des pluyes ayant long-
temps croupy, il se fit vn petit
marais, dans lequel par succes-
sion de temps il crût quantité de roseaux : Ces roseaux
auec leur nourriture attirerent
encore petit à petit (dit la Fa-
ble) les paroles que le Barbier
auoit proferées en ce lieu-là,
de sorte qu'au moindre vent
qui les venoit agiter, ils ne fai-
soient autre chose que de

fiffler & refonner entre-eux ces mefmes mots. *Le Roy Midas a des oreilles d'Afne.* Combien tous les iours fe trouue-t'il de perfonnes de mefme humeur que ce Barbier, à qui on n'a pas fi toft laiffé tomber vn fecret en l'oreille, que comme fi c'eftoit quelque violent poifon, il leur fait fouleuer le cœur iufques à ce qu'ils l'ayent rejetté? Il femble, difoit vn Ancien, qu'ils ayent la langue percée, & qu'elle ne puiffe rien retenir: Tout ce que leur penfée conçoit s'efcoule par là, & leur parole imprudente & eftourdie, comme vn traict tiré tout droit en haut, retombe auffi-toft fur eux-mefmes,

que fur les autres. Auffi eft-ce
l'vn des plus grands malheurs
de ce vice de tant parler, qu'outre qu'il eft ridicule, il eft encore ordinairement funefte à
ceux qui en ont l'ame, & la
langue malades.

ELOGE
DES
HON-
NES-
TES
GENS.

    Veritablement ie ne m'e-
ftonne pas fi ceux qui font capables de bien connoiftre &
de bien goufter cette forte
d'hommes, que par vn mot
d'excellence on nomme au-
iourd'huy Honneftes-gens, les
careffent, les cheriffent, & les
admirent comme ils font: Puif-
que ce font eux feuls, qui parmy la corruption & les ordu-
res des vices que i'ay repris
tout le long de ce difcours, &

parmy vn nombre infiny d'autres aufquels ie n'ofe m'arrefter, ou pour leur faleté, ou pour leur baffeffe, conferuent comme vne image entre-eux, de ces pures & innocentes mœurs dont l'on dit qu'eſtoiét compofées les delices du Paradis de nos premiers Peres. Mais il s'en recontre fi peu, qu'il ne faudroit pas beaucoup multiplier le nombre du Phenix, pour le rendre égal à celuy de ces admirables perfonnes. Quelle merueille eſt-ce de les voir parmy tant d'efcueils *De leur Prudence.* dont la Cour eſt toute pleine, maintenant efquiuer le choc de quelque pointe de roche, tantoſt refiſter à la force de

quelque vent directement contraire, tantoſt ceder à la violence des vagues; & aux meſmes lieux que d'autres n'oſe-
roient aborder ſans y perir,
eux paſſer librement, & ſans
qu'on s'aperçoiue qu'ils ayent
couru le moindre danger du
monde? Leur conduitte eſt
accompagnée de tant de prudence, qu'il n'y a gueres de tenebres ſi obſcures qui la puiſ-
De la ſent faire eſgarer ; & particu-
onduite
le leur lierement celle de leur langue
angue. eſt ſi certaine, que iamais elle
ne ſe precipite. Leur iugement
la fait touſiours demeurer
dans la raiſon , & ſçait retenir la rapidité de ſon mouuement , auec plus de force

qu'vne digue bien ferme &
bien appuyée ne peut arrester
l'impetuosité d'vne riuiere, ou
les rauages d'vn torrent. Ils
ont ployé de si bonne heure
leurs ames au bien & les ont
tellement acoustumées à fuyr
les vices qui gastent la conuersation, qu'il semble que naturellement ils exercent toutes
les vertus, que les Sages mesmes par la force de leur raisonnement ont beaucoup de
peine à pratiquer. Sans estude ils sont ciuils & courtois,
non seulement à seruir & respecter ceux qui sont au dessus de leur condition, & à honorer leurs égaux, mais encore iusques à deferer plusieurs

De leur facilité à faire le bien.

De leur courtoi-sie.

choſes à ceux qui leur ſont inſe-
rieurs : Et ces choſes leur
reüſſiſſent auec d'autant plus
d'aprobation, qu'ils les font
ſans art & ſans aucune contrainte. Leur accez eſt ſi facile & ſi agreable, qu'il n'y a perſonne qui n'en deſire la communication, & lors qu'on les a
hantez, on trouue en leur eſprit tant de douceur, en leur
ame tant de probité, & en leurs
diſcours tant de bon ſens, que
ceux-là s'eſtiment heureux qui
peuuent conſommer leur vie
entiere en leur compagnie. Si
l'on parle à eux, ils ſont atten-
tifs ſans iamais interrompre,
& lors qu'il eſt temps de reſ-
pondre, ils le font auec ordre

De leur familie-re communica-tion.

De la douceur de leur eſprit.

&

& iugement. Si les propofi-
tions que l'on fait deuant eux
font fi peu raifonnables qu'ils
ne les doiuent pas fouffrir , ils
en font voir les abfurditez
auec tant d'adouciffements &
de modeftie , que l'on fe fent
plus obligé d'en eftre repris ,
que fi l'on auoit l'aprobation
de quantité d'autres. Rarement voit-on qu'ils fe faſchent,
ou fe fentent feulement chocquez des fottifes & des lege-
retez qui fe font en leur prefence : Car ils ont accouftumé
leur goût à ne fe rebutter point
de tout ce qui ne luy eft pas
agreable. Auffi connoiffans ,
comme ils font, l'infinie diuerfité de formes dont l'efprit de

l'homme eſt capable, il n'y a point d'opinions ſi ridicules, ny ſi contraires à leur ſens qui les bleſſent ; nonplus qu'ils n'en ont aucune qui leur ſemble aſſez raiſonnable , pour meriter qu'ils en deuiennent amoureux, & qu'ils s'opinia-

De leur façon de debiter ce qu'ils ſçauent. ſtrent à la ſouſtenir. Ce qu'ils ſçauent, ils ne le iettent pas indifferemment en toutes occaſions, & s'ils n'ont lieu de parler fort à propos dans les compagnies , ils aymeront mieux auoir demeuré toute vne iournée ſans rien dire, que d'auoir dit les plus belles choſes du

De leur modeſtie à iuger, & à par- monde à contre-temps. Encore en celles qu'ils diſent, quelque ſolidité qu'ils y ſentent, ia-

mais ils ne les prononcent auec
autorité, ny d'vn accent qui
tefmoigne quelque fatisfaction de leur efprit; mais auec
tous les temperamens qui peuuent adoucir ce ton imperieux,
& leuer tout foupçon de fuffifance. Iamais on ne les entend
parler de leurs predeceffeurs,
ny d'eux-mefmes; ils fçauent
bien que ce font difcours, qui
ne plaifent volontiers qu'à
ceux qui les font, & qu'il n'y
en a gueres de fi modeftes qui
ne femblent auoir quelque
teinture de vanité. Et de faict
à qui croiroit-on parlant de
foy-mefme dans vne faifon fi
gaftée, dit vn excellent Philofophe des derniers fiecles, puis

qu'il en eſt ſi peu à qui l'on puiſſe croire en parlant d'au-truy, où il y a beaucoup moins

De leur galante-ie.

d'intereſts à demeſler ? Dans leurs jeux meſmes & leurs en-tretiens les moins ſerieux, on remarque touſiours des traicts d'eſprit, & des effects d'vn ex-cellent iugement. Lors qu'ils veulent ſe meſler de faire des contes, ils n'en font point que de plaiſans : Iamais on n'eſt en peine de chercher où eſt le mot pour rire, & ſont ſi nouueaux, ou leur ſont ſi par-ticuliers, que iamais ceux qui les entendent ne ſont en peine d'en voir la fin, pour en auoir deſ-jà eu les oreilles battuës.

De leur probité.

Vne de leurs vertus que i'ayme & estime le plus, c'est qu'ils font tousiours veritables en ce qu'ils disent, comme ils font religieux à tenir ce qu'ils promettent. Le mensonge leur semble vn crime aussi noir qu'vn assassinat, & n'en estiment point de plus seruile ny de plus indigne d'vn homme d'hõneur que celuy-là : Si ce n'est peut-estre cette espece de pariures, qui apres auoir engagé leur foy de garder le secret d'vn amy, ou d'vne autre personne, sans considerer qu'ils violent tout droit diuin & humain, osent bien le reueler, & quelquefois le vendre, à la ruine entiere de celuy de qui ils l'ont receu. Vn hardy esprit dit que

Contre les menteurs, & les pariures.

cette forte de perfidie eſt en
certain ſens plus odieuſe, &
plus execrable que l'Ateiſme:
Car l'Ateiſte qui ne croit
point de Dieu, ne luy fait pas
tant d'iniure, ne conceuant
point qu'il y en ait, que celuy
qui le ſçait, le croit & pariure
ſon ſainѐt Nom par mocque-
rie. Or c'eſt bien vn moindre
mal de meſcroire Dieu, que
de s'en mocquer, & ceux-là
s'en mocquent euidemment,
qui ne le iurent que pour tromper. Mais l'horreur de ce vice
ne ſçauroit eſtre plus honteu-
ſement dépeinte qu'elle a eſté
par vn Ancien, qui dit, que de
violer ſa foy, c'eſt teſmoigner
que l'on meſpriſe Dieu, & que

l'on craint les hommes: Et fe
peut-il rien imaginer de plus
abominable, que de faire le
poltron enuers les hommes, &
de vouloir monftrer que l'on
eft hardy contre Dieu. L'in- *Mal-*
conuenient notable qui vient *heurs*
que cau-
en fuitte de ce premier defrei- *fe la per-*
fidie,
glement, eft que noftre intelligence fe conduifant par la
feule voye de la parole, celuy
qui la fauffe trahit la focieté
publique. C'eft le feul moyen
par lequel fe communiquent
nos penfées & nos volontez,
s'il vient à nous manquer nous
ne tenons plus les vns aux autres, ny ne nous entreconnoif-
fons plus: S'il nous trompe, il
trouble tout noftre commerce,

& diſſout toutes les liaiſons de noſtre police: Et enfin ce n'eſt plus qu'vn infame, & ſordide trafic de malice que cette conuerſation de laquelle nous traittons maintenant. Mais pour continuer d'en traitter, il eſt temps de paſſer à cette partie de l'entretien, qui conſidere la raillerie & les bons mots.

DE LA RAIL-LERIE.   La Raillerie eſt vne eſpece de diſcours vn peu plus libre que l'ordinaire, & qui a quelque choſe de picquant meſlé parmy, d'ont l'vſage eſt commun entre les plus galants, & n'eſt pas meſme auiourd'huy banny d'entre les plus intimes Amis de la Cour. Si cet vſage eſt

eſt raiſonnable ou non, c'eſt
vne queſtion aſſez épineuſe
ce me ſemble, & aſſez importante dans noſtre ſubiect, pour
meriter que ie m'arreſte vn
peu à l'examiner. Il eſt bien
vray que la Raillerie, lors
qu'elle peut ſe contenir dans
vne honneſte reigle, eſt vn
doux aliment de la conuerſation, laquelle deuiendroit à la
fin bien froide, & meſmes en-
nuyante, ſans ces agreables
intermedes de petites contrarietez dont elle la diuerſifie,
qui la refueillent, & la reſchau-
fent, ce ſemble, pour luy donner vne nouuelle vigueur, &
de nouuelles graces. La plus
part des eſprits cherchent plu-

Que la douce & honneſte Raille-rie ani-me la conuer-ſation.

C c

ſtoſt ce qui les diuertit auec quelque ſorte de joye, que ce qui les occupe ſerieuſement: Et comme naturellement ce qui prouocque à rire plaiſt, ils ſe rebutent aiſément des compagnies qui n'ont qu'vn entretien touſiours égal, pour ſuiure celles où ils treuuent de ces amuſemens. Cecy ſe remarque particulierement parmy vn certain nombre de perſonnes qui s'endorment dans l'oiſiueté de Paris, & parmy la jeuneſſe de la Cour: Car ſi cet exercice ne tenoit leurs eſprits en haleine, & ne les reſueilloit de temps en temps, il y auroit danger qu'ils ne tombaſſent à la fin dans vn aſſoupiſſement

letargique. Auſſi eſt-ce proprement en de ſemblables
compagnies que cette ſorte
d'entretien eſt en regne: Si bien
qu'il ſemble que d'honneſtes
gens venant à ſe rencontrer
parmy eux, s'acquiteroient
fort mal de leur deuoir, &
manqueroient bien de viuacité, s'ils ne l'employoient à s'en-
trepiccoter de petites railleries, qui ne ſont iamais ſi douces au commencement, qu'à la
fin elles ne laiſſét quelque pointe d'aigreur dans l'ame, qui ne
s'en arrache pas touſiours facilement. De tous les Railleurs
que i'ay iamais veus, ie n'en
ay point remarqué de ſi modeſtes, que s'ils ſont allez ſeu-

Que la Raille-rie opi-niaſtrée eſt dan-gereuſe.

lement iufques à la deuxiefme
repartie , il ne foit efchappé au
tenant ou à l'affaillant quelque
parole, qui auoit ie ne fçay
quelle teinture de colere ou
du moins de dépit. Et quoy
qu'ils diffimulent leur reffentiment , il eft d'autant plus
grand, qu'il n'y a que la vanité
qui le fuprime : Car il femble
que ce foit vne loy de ce ieu,
afin que la liberté de mordre
iufqu'au vif foit plus infolente,
que le premier qui fe fafche
perd la partie. Quoy qu'il en
foit, celuy qui a eu la plus froide replique, n'a pas feulement
la honte de fe voir vaincu en
vne chofe en quoy l'on cede
rarement, qui eft l'efprit; mais

outre cela , il luy refte prefque toufiours dans l'ame l'a-
mertume des railleries dont
fon aduerfaire l'a preffé. Là
deffus ie laiffe à iuger lequel
eft le plus raifonnable & le plus
feur à quiconque veut plaire,
de n'en vfer point du tout ,
ou de vouloir faire le Railleur,
au hazard de perdre à châque
fois vn amy , ou fe faire vn
ennemy.

Les bons mots ne font pas DES
fi dangereux, pourueu que l'i- BONS
magination qui les conçoit, MOTS.
confulte le iugement vn peu
deuant que de les laiffer fortir:
Et ils ont eminemment cela
de particulier , qu'ils ne plaifent pas feulement à ceux qui

les efcoutent , comme font
toutes les chofes bonnes, mais
encore font regarder celuy
qui les dit auec vne extraor-
De l'ex-dinaire admiration. Il femble
cellence
des bonsque ceux qui ont ce don de
mots.rencontrer ainfi fur plufieurs
fujets, ayent quelque chofe de
diuin ,ou quelque genie particulier qui efleue à tous coups
leur ame au deffus de la matiere. Et certes quoy qu'il y ait
quelquesfois de l'heur, & que
la fortune fe mefle iufques
dans cette forte de jeu, qu'on
diroit eftre tout à fait exem-
pte de fa iurifdiction : Si eft-ce
que prefque toufiours on voit
ceux qui ont grace à s'en feruir , eftre ornez en mefme

temps de plus rares qualitez de l'esprit. Il n'y a gueres
de grands personnages dans
l'Antiquité dont il ne nous
reste auiourd'huy des apo-
phtegmes, & nostre siecle en
peut produire quelques-vns,
qui outre cette faculté de
l'imagination , ont encores
les autres parties de l'ame
d'vn si parfait temperament,
qu'on les a iugez capables
de toutes sortes d'emplois
les plus difficiles : Les vns
dans les armées, les autres
dans les negociations estrangeres, & generalement dans
les plus importantes affaires
de l'Estat. Or pour se seruir
agreablement d'vne chose si

Des cho-
ses qu'il
y faut
obseruer.

rare , comme font les bons mots, il faut obferuer des reigles , & fe retenir dans plufieurs confiderations, fans lefquelles ils perdent fouuent toute leur grace. Il faut regarder qui nous fommes , quel rang tient celuy que nous voulons picquer , de quelle nature eft la chofe fur laquelle nous voulons exercer noftre efprit, en quelle occafion c'eft, en quelle compagnie, & en fin quelle eft la chofe que nous voulons dire, & fi l'on peut efperer auec aparence qu'elle doiue paffer pour bon mot. Quelque excellence & quelque beauté que l'on admire en cette forte de propos, fi eft-ce

Qu'il y aut étu-er la onfon-erie:

qu'il

qu'il n'eſt pas de l'Honneſte-
Homme, de faire iamais de
contes ny de rencontres ſur
aucun ſujet, tant agreable ſoit-
il, dont la grace ne ſe puiſſe
exprimer ſans grimaces & geſtes ridicules. La moindre a-
ction où il y a quelque air de
bouffonnerie eſt indigne du
perſonnage qu'il doit joüer,
& comme il faut qu'il ait ſoin
de diuerſifier ſon entretien par
ces agreables ſubtilitez, il doit
de meſme eſtre curieux que
que l'on ne croye pas qu'il les
affecte: C'eſt pourquoy toutes
les fois qu'il ſe ſentira de ces
traits aigus ſur le bout de la
langue, il ne les laiſſera pas
touſiours eſchapper; mais ay-

mera souuent mieux les perdre, que de diminuer quelque
chose de son authorité, ou de

la bien seance. Il obseruera
particulierement de n'attaquer iamais de ses brocards les
miserables, ny les meschans:
Pource que l'inclination naturelle qu'ont presque tous les
hommes à se laisser toucher
de pitié des pressantes calami-
tez dont ils voyent ces mal-
heureuses gens affligez, em-
pesche que l'on ne puisse rire
d'eux; Et les meschans meritent vn chastiment plus rude
que celuy des simples paroles.
Il n'y a que les glorieux que
l'on n'espargne point dans l'e-
stat mesme le plus deplorable

où ils sçauroient tomber; tant
la presomption est odieuse sous
quelque habit qu'elle se cache.
Les personnes qu'il faut bien *Ny les*
soigneusement espargner, sont *honnestes gens.*
celles qui ont la voix publi-
que, & qui sont generalement
aymées de tout le monde, à
cause qu'il peut arriuer telle
fois qu'en les pensant chocquer de quelque mot de raillerie, on trouue moins d'apro-
bateurs, que de ceux qui par
vne secrette indignation prennent part au ressentiment de
cette picqure. Il faut bien aussi *Ny les*
considerer de ne blesser iamais *Mini-stres ny*
de semblables atteintes les *lesGräds*
grandes Puissances, qui donnent l'ordre & le mouuement

à l'Eſtat ; ny les perſonnes d'e-
minente condition : car l'vn
eſt capital, & l'autre n'eſt gueres moins dangereux. Auſſi n'y
a-il rien qui offenſe ſi outra-
geuſement le reſſentiment de
cette ſorte de gens là , qui ont
l'ame delicate & tendre aux
moindres iniures, comme fait
le meſpris , dont il ſemble que
les plus modeſtes railleries
ayent quelque meſlange. On
ne doit pas meſme en leur
preſence tourner en riſée les
vices d'vn tiers , auſquels eux
ſont ſujeɛts ; d'autant qu'ils
s'imaginent auſſi-toſt que ce
ſont de ſourdes reproches, qui
ne ſont tirées contre vn autre
que pour les frapper eux-meſ-

mes. Il ne faut ie m'affeure *Ny foy-mefme.*
auertir qui que ce foit, de ne faire iamais le plaifant des defauts
qu'il a luy-mefme. Quant à nos *Ny fes amys.*
amis, ils nous doiuent eftre des
perfonnes trop facrées pour
ofer les violer d'aucune, paro-
le mordante: Et faut eftre bien *Ny les honneftes femmes.*
ruftique, & plus brutal que les
Ours, pour ne traitter pas les
honneftes femmes auec la mefme reuerence, & pour ne s'ab-
ftenir pas, non feulement contre elles, mais encore deuant
elles, de ne lafcher aucun mot,
ny aucune penfée dont le fens
fe puiffe deftourner à quel-
que fale interpretation. Or *Reigles princi-pales des bôs mots.*
l'excellence des bons mots
confifte principalement à eftre

courts, aigus, clairs, proferez
auec grace, & si à propos qu'ils
ne sentent pas l'odeur de l'e-
stude, ny qu'on les ait aportez
de la maison: Et c'est la cause
pour laquelle ceux qui repli-
quent sont plus estimez que
ceux qui attaquent, car ils sont
moins soupçonnez d'auoir
esté preparez. Quant aux di-
uerses sortes qu'il y en a, c'est
vne matiere vn peu espineuse,
& que ie traitteray peut-estre
vn iour à plein, aussi bien que
des lieux d'où ils se peuuent tirer. Mais à cette heure elle est
trop lógue pour le peu que i'ay
pris d'estenduë & de liberté
en ce discours. Ie n'en allegue-
ray nonplus aucuns exemples,

pource que les anciens font communs, & ceux de noftre temps, pour ne perdre rien de leur grace voudroient que l'on nommaft prefque toufiours des perfonnes qu'il faut refpe-ｳer.

Il refte maintenant à confi-derer la difference des âges, des mœurs, & des conditions de la fortune, qui fe treuuent parmy vn fi grand nombre d'hommes, en la conuerfation defquels les diuerfes rencon-tres nous iettent : L'on s'en-tretient autrement auec les ieunes gens, qu'auec les vieil-lards, & les difcours qui font agreables aux vns, & aux au-tres ne conuiennent gueres à

DE LA DIFE-RENCE des aa-ges, des mœurs, & des condi-tions, qu'il faut con-fiderer.

ceux en qui l'âge a temperé les
vices de ces deux extremitez :
De mesme, on ne vit pas d'vn
air tout semblable auec les
bons, qu'auec les meschans,
s'il auient que l'on soit contraint de se treuuer parmy
eux : Ny auec ceux qui nous
sont familiers, comme auec
d'autres qui ne nous sont qu'à
peine conneus : Ny auec les personnes qui ayment la joye,
comme auec celles qui sont
melancholiques, & seueres : Ny
encores auec les glorieux, de
mesme sorte qu'auec ceux qui
sont ciuils & honnestes. Parmy cette confusion d'humeurs
si contraires les vnes aux autres, il faut certes vn iugement

bien net, pour s'en demefler
de bonne grace; mais il en faut
vn bien penetrant, pour difcer-
ner ceux qui font interef-
fez, d'auec ceux qui ne le font
point, fans s'y tromper. Ceux
qui font nais Gentilshommes,
& auec toutes les qualitez qui
doiuent accompagner la Nobleffe, recherchent principalement les chofes d'honneur.
Et ceux qui n'ont rien de plus
recommandable que leurs ri-
cheffes, font bien aifes que l'on
admire leur opulence. Les perfonnes conftituées aux grandes charges, veulent d'extraordinaires foumiffions, &
generalement tous ceux qui
font heureux, font volontiers

imperieux, & defirent que l'on flechiffe deuant leur bône fortune. Vn Honnefte-homme, parmy toutes ces fortes de conditions, iuge de ce que la fienne luy peut permettre honneftement, & fçait relafcher & retenir de fa courtoifie autant qu'il eft neceffaire, pour ne faire rien d'indigne du perfonnage qu'il reprefente. Son iugement eft fi propre à trouuer par tout des temperaments, que fans iamais eftre flatteur, & mefme fans abufer de fa complaifance, il ne laiffe pas d'obferuer cette reigle d'Epictete, qui confeille de ceder fans refiftance aux opinions & aux volontez des Grands,

De quel-le forte vn Ho-nefte-homme fe doit demefler d'entre ces diffe-rentes condi-tions.

de confentir autant qu'il fe
peut à celles de nos égaux, &
de perfuader auec douceur
ceux qui font au deffous de
nous. A ces trois maximes
j'aioufte pour dernier & general precepte, que iamais il
n'entreprenne d'entretenir perfonne pour luy plaire, qu'il
n'ayt premierement bien con-
fideré fon humeur, fes inclinations, & de quelle trempe il
a l'efprit; afin de n'aller point
plus bas, ny plus haut qu'il ne
faut ; mais de l'accompagner
de fi prés, que tous fes difcours
s'ajuftent à fa portée. Que s'il
fe rencontre auec d'auffi habiles gens que ie prefupofe qu'il
eft, ie ne luy recommande

Dernier precepte de la conuerfatiõ dés efgaux.

Ee ij.

qu'vne ferme attention à ce
qui se dit deuant luy, & à ce
qu'il dit luy-mesme, afin que
non seulement il fasse ses res-
ponses à propos, mais encore qu'il les rende agreables,
& puisse attacher son imagination à les orner de toutes
les graces du langage, & de
l'action exterieure.

DE LA
CON-
VERSA-
TION
DES
FEM-
MES. Maintenant apres auoir traitté de l'entretien du Prince, &
de la conuersation des Egaux,
il reste à parler de celle des
Femmes, de laquelle on peut
dire, que comme elle est la
plus douce & la plus agreable,
elle est aussi la plus difficile &
la plus delicate de toutes les
autres. Celle des hommes est

plus vigoureuſe & plus libre,
& pource qu'elle eſt ordinairement remplie de matieres
plus ſolides & plus ſerieuſes,
ils prennent moins garde aux
fautes qui s'y commettent que
les femmes, qui ayant l'eſprit
plus prompt, & ne l'ayant
pas chargé de tant de choſes
qu'eux, s'aperçoiuent auſſi
pluſtoſt de ces petits manque-
ments, & ſont plus prontes à
les releuer. Il n'y a point de lieu
où cette ſorte de cóuerſation
ſe voye auec tant d'eſclat &
d'apareil que dans le Louure;
lors que les Reynes tiennent
le Cercle, ou pluſtoſt qu'elles
eſtallent comme vn abregé de
tout ce que l'on a iamais vanté

*Deſcri-
ption du
Cercle.*

de merueilles & de perfections
dans le monde. Quiconque a
leu dans les Poëtes la magnificence de ces celebres affemblées qui fe faifoient dans le
Ciel, lors que Iunon enuoyoit
appeller toutes les Deeffes,
pour affifter à la pompe de
quelque refiouyffance extraordinaire: Ou bien quiconque
a pris plaifir à confiderer, dans
vne Nuict bien fereine, la Lu-
ne entre vn million d'Eftoilles
briller d'vne fplendeur fi viue
& fi nette, & refpandre vne
luëur fi claire, qu'il femble que
toutes ces Eftoilles qui l'ac-
compagnent foyent autant de
fes rayons qu'elle va femant,
ou pluftoft ne foient qu'autant

d'étincelles de son feu qu'elle laisse tomber dans le Ciel: Celuy-là se peut figurer, au moins imparfaitement „ l'abord de tant d'illustres & belles Dames deuant les Reynes, à qui elles viennent comme rendre hommage de tout ce qu'elles ont de plus charmant & de plus admirable. A n'en point mentir, lors que l'on se trouue deuant ces grandes lumieres, il n'y a guere de cœur si peu hardy, qui ne se sente secrettement tenté du desir de se rendre assez Honneste-homme, pour meriter l'honneur d'en aprocher & d'en estre regardé comme d'Astres fauorables, qui font nos inclinations

& nos fortunes heureuſes par la ſeule bonté de leurs aſpects.

Les Da-mes.
Tout à l'entour de ce diuin Cercle, dans lequel on peut dire que ſe trouue le vray centre de toutes les perfections de l'eſprit & du corps, on voit les autres Dames, comme de moindres clartez, reluire en vne ſphere inferieure à cette premiere qui donne l'ame & le mouuement à toutes les au-

Les filles d'Hon-neur.
tres. Non loin de là, comme en vn Ciel à part, parait vne troupe de ieunes Nymphes, qui comme des feux errants, prennent en liberté telle place que bon leur ſemble dans ce magnifique pourpris : Et pendant que les Reynes eſtalent

leur

leur gloire fur leurs trônes à
tous les yeux de la Cour, ces
belles Filles, ou pluftoft ces
ieunes Soleils, d'vn autre cofté,
font admirer leur éclat, & fou-
mettent à leur empire iufques
aux plus hautes & plus indom-
ptables libertez de la Terre.
C'eft bien là fans doute le
grand Theatre de la conuerfation des femmes ; mais l'e-
ftrange confufion de monde
qui s'y voit, fur tout à ces ma-
gnifiques heures du foir, eft fi
importune, que les meilleurs
entretiens s'en reffentent. Vne
bonne compagnie n'eft pas fi-
toft formée, qu'incontinent
elle ne foit fouillée de l'abord
de quelque fafcheux, ou que

De la conuer-fation du Lou-ure, & de fes in-commo-ditez.

la douceur n'en ſoit troublée
par la preſence de quelque
perſonne de grande condition,
ou tout à fait geſnée par le
voiſinage de quelques eſpions
de Cour, qui ont des oreilles
mercenaires, & ne s'en ſeruent que comme les Medecins
font des ſangſuës. Si bien qu'en
ce lieu-là c'eſt pluſtoſt par hazard, ou par force, que par
choix, que l'on s'engage dans
la conuerſation; & l'on eſt bien
ſouuent contraint de s'arreſter à telle perſonne, dont hors
de là l'on fuyroit la rencontre

ou choix
qu'il
faut fai-
re à la
ville.

comme d'vn peſtiferé. Il faut
donc deſcendre à la ville, &
regarder qui ſont celles d'entre les Dames de condition

que l'on estime les plus honnestes Femmes, & chez qui se font
les plus belles assemblées, &
s'il se peut se mettre dans leur
intrigue ; afin qu'elles s'inte-
ressent à nous rendre de bons
offices aupres des tous ceux
qui les visitent. Icy ie me suis *Des me-*
reserué à parler de quelques *nus pre-*
menus preceptes, qui en apa- *ceptes.*
rence semblent estre plus propres à s'exercer parmy elles,
qu'entre les hommes : comme
aussi la pluspart de ceux que
i'ay cy-deuant examinez , entrent en pratique à tous propos parmy les femmes. Aussi
faut-il auoüer qu'ils tiennent
les vns aux autres de si pres,
qu'ils vont presque tousiours

enfemble, & s'en fait vn parfait enchaifnement comme des
fciences & des vertus.

De la
prefence
exterieu-
re. Le premier foin que doit
auoir celuy qui veut hanter les
cabinets & les reduits, & fe
ietter dans l'entretien des femmes, c'eft de rendre fa prefence agreable. Car la premiere chofe qu'elles confiderent
en vn homme, c'eft la mine &
l'action exterieure, que Cice-
ron nomme l'Eloquence du
Corps. Il ne la diuife qu'en deux
parties, le gefte, & la voix:
Mais au fujet que nous traittons il faut encore ajoufter
l'habit & la compofition du
Corps mefme qui doit eftre
d'vne ftructure bien formée

& bien proportionnée, ou du moins qui n'ait rien qui d'abord rebute les yeux de ceux qui le regardent. Pour les ve-*Des habits.* ſtemens, il vaut mieux eſtre propre que paré, & toutes celles qui ont bon gouſt, ayment mieux voir ceux qui ſont nettement, que ceux qui ne ſont que richemét couuerts. Neantmoins le plus que l'on y peut mettre ſans s'incommoder eſt le meilleur, & c'eſt vne des plus vtiles deſpenſes qui ſe faſſent à la Cour. C'eſt preſque la ſeule qui ſuit par tout ceux qui ſçauent s'en ſeruir, & leur ouure des portes qui bien ſouuent ſont fermées à la grande condition, & encore plus souuent à la vertu. Pour estre bien, il ne faut rien porter de particulier ny d'extrauagant, & faut que les habits soient assortis & bien entendus. Quantité de femmes iugent de l'esprit des hommes, par leur façon de s'habiller, & ne peuuent s'imaginer qu'ils soient bijarres en la forme de leur chapeau, ou de leur pourpoint, & qu'ils ne le soient pas en leurs humeurs. L'âge encore se considere en ce poinct; Car vn vieillard seroit ridicule dans vn manteau de velours nacarat ou grisdelin, & vn ieune homme n'auroit gueres bonne grace d'estre tousiours couuert de noir, ou d'autres

couleurs obſcures. Sur toutes
choſes il faut eſtre curieux de
la mode : Ie n'entens pas celle
de quelques eſtourdis d'entre
les Ieunes-gens de la Cour, qui
pour faire bien les determinez
s'abiſment tantoſt la moitié de
la taille dans de groſſes bot-
tes, tantoſt ſe plongent depuis
ſous les aiſſelles iuſques aux
talons dans leurs haut-de-
chauſſes, & tantoſt ſe noyent
toute la forme du viſage dans
des borts de chapeau auſſi lar-
ges que des paraſols d'Italie.
Mais i'entends cette mode,
qui eſtant authoriſée par les
plus aprouuez d'entre les
Grands & les Honneſtes gens,
ſert comme de loy à tous les

Contre les in-uenteurs de modes extra-uagătes.

autres. Ie treuue ceux-là fan-
tafques, qui s'opiniaftrent à
contrarier les vfages receus
en quoy que ce foit, mais principalement en vne chofe fi in-
diferente comme font les habits. Qu'vn Honnefte-hom-
me fe garde bien de tomber en
vn tel caprice; comme auffi
de vouloir faire l'original à inuenter de nouuelles facons,
s'il ne fe fent bien capable d'y
reüffir. Comme que ce foit, il
doit bien s'empefcher que l'on
ne remarque trop de foin en
fa propreté; & en effect, vn
homme trop ajufté eft plus
mal, qu'vn autre trop negligé.
Cette forte d'eftude n'eft bien-
feante qu'entre les femmes, &

De la propreté des hommes.

vn

vn homme n'eſt iamais beau,
que lors qu'il ne croit point
l'eſtre. Pourueu qu'il ſoit nettement, il n'importe qu'il ſoit
ſi pompeux. C'eſt aſſez qu'il *Menus*
ait touſiours de beau linge *prece-*
& bien blanc ; qu'il ſoit bien *ptes.*
chauſſé; que ſes habits, s'ils ne
ſont riches, du moins ne ſoient
ny vieux, ny ſales; que ſon chapeau ſoit neuf, & de la nouuelle forme; qu'il ait touſiours
la teſte deſeichée & les cheueux bien-faits comme on les
porte, qu'il tienne ſa barbe
ajuſtée auec ſoin, à cauſe de
l'incommodité qu'autrement
il en receuroit à parler & à
manger : & particulierement
qu'il ait touſiours les dents &

la bouche ſi nettes, que iamais il ne puiſſe incommoder de ſon haleine ceux qu'il entretient. Vn art plus eſtudié ſert moins qu'il ne nuit, & l'on voit ſouuent tel paraiſtre plus agreable aux yeux d'vne troupe de Dames, tout halé qu'il eſt, & tout couuert de ſueur & de pouſſiere au retour de la guerre ou de la chaſſe, que ces hommes de cire, qui n'oſent iamais ſe monſtrer au Soleil, ny s'approcher trop pres du feu, de peur de ſe fondre.

DE
'ACTION.
ui eſt
ame des
aroles.

L'action, qui eſt vne partie de la diuiſion de cette eloquence du corps dont nous auons parlé, ſe doit auſſi grandement conſiderer, eſtant comme elle est, l'ame de tous les discours que nous faisons. En effect nos paroles languissent si elles n'en sont secouruës, & l'on voit plusieurs personnes en la bouche de qui les plus belles choses semblent estre mortes, ou du moins sont si froides qu'elles ne touchent point ; & d'autres sçauent animer les moindres de tant de grace, qu'elles delectent tous ceux qui les entendent. Mais afin de vaincre deux sens tout à la fois, & d'assieger également les esprits par les yeux & par les oreilles, il faut prendre garde fort exactement que le ton de la voix n'ayt rien ny de rude, ny d'aigre, ny de confus, ny de trop

Du ton de la voix.

éclatant, ny de trop foible : Au
contraire, qu'il foit doux, clair,
diftinct , plein , & net , en forte
qu'il penetre facilement iufques dans l'ame , fans trouuer
aucune refiftance à l'entrée.

De la Conte-nance. La Contenance eft encore
vne partie de l'action exterieu-
re, par laquelle on fe peut rendre agreable. Elle confifte en
vne iufte fituation de tout le
corps, de laquelle fe forme cette bonne mine que les femmes

Des mouue-ments du vifage. loüient tant aux hommes : Mais
elle reçoit toute fa perfection
des mouuemens du vifage, qui
doit eftre toufiours ferain,
riant & acceüillant tout le
monde auec douceur & courtoifie. Et certes on peut dire

que c'eſt le viſage qui domine
au maintien exterieur, puis que
c'eſt luy qui prie, qui menace,
qui flatte, qui teſmoigne nos
ioyes & nos triſteſſes, & dans
lequel on lit nos penſées, deuant que noſtre langue ait eu le
temps de les exprimer. Les
yeux ſur tout font bien cet office de la parole; & c'eſt par eux
que noſtre ame s'eſcoule bien
ſouuent hors de nous, & qu'elle ſe monſtre toute nuë à ceux
qui la veillent pour luy deſ-
rober ſon ſecret. Les mains *Du geſte.*
font encore fort eloquentes;
& c'eſt elles proprement qui
font les geſtes dont on ſe ſert
pour enflammer l'action, leſ-
quels toutesfois doiuent eſtre

fort moderez. Les autres parties aydent bien ceux qui parlent, mais on peut dire en quelque façon des mains qu'elles
parlent elles-mesmes. Car c'est
par elles, presque qu'aussi souuent qu'auecques la langue,
que l'on demande, que l'on
promet, que l'on appelle, que
l'on renuoye, que l'on inter-
roge, que l'on nie : Et enfin que
l'on exprime vn si grand nombre de choses differentes, qu'en
cette estrange diuersité de lan-
gages de tant de Nations, dont
la terre est habitée, il semble
que la nature ait reserué celuy
des mains tout seul, pour le
rendre commun entre tous
les hommes.

En ſuitte de tous ces ſoins *Qu'il faut reſpecter les femmes.* que l'on met à rendre l'exterieur agreable , le premier & principal precepte que doit obſeruer celuy qui veut plaire aux femmes, c'eſt de les honorer auec tous les reſpects, & toutes les ſoumiſſions qui luy ſont poſſibles & conuenables. C'eſt vn effect de leur foibleſſe d'eſtre d'vne humeur imperieuſe comme elles ſont, & leur ſemble qu'en vſurpant cette authorité qu'elles prennent ſur les hommes, elles reparent en quelque façon le defaut naturel de leur peu de force. C'eſt pourquoy l'on voit que toutes les actions qui leur teſmoignent de l'obeiſſance, & du respect leur sont si agreables; & que ceux-là sont ordinairement le mieux en leurs bonnes graces, qui sçauent le mieux flechir & se

De la complaisance parmy les femmes.

soumettre deuant elles. Qui pourroit, ne deuroit iamais aporter en ce trafic que de ces paroles de soye dont on entretient les Roys: Et tous ceux qui, comme l'on dit, ne sçauroient iamais parler qu'à cheual, deuroient passer leur chemin pour aller à la guerre, sans s'arrester aupres des femmes. Ce sexe est trop doux & trop paisible pour pouuoir souffrir des rudesses & des querelles. Tout ce qui est tant soit peu farouche l'espouuante, &

la

la moindre chose qui le contrarie le rebutte. Les plus habiles mesmes d'entre elles ont
l'esprit tendre à se picquer des
plus petites contestations qui
s'oposent à leurs sentiments,
& qui chocquent leur esprit;
Si bien que ceux qui n'ont
nulle contrainte à ceder facilement à leurs volontez & à
leurs opinions, ne sçauroient
iamais estre mal auec elles, ny
manquer d'en estre estimez.
En fin c'est icy que toutes les
reigles de la plus delicate complaisance se doiuent mettre en
pratique, & que les plus humbles soumissions font de bonne grace à qui que ce soit. Et
certes ce n'est pas seulement

Raisons pourquoi l'on doit

Hh

pour les raifons que l'on alle-
gue d'ordinaire , que les femmes font honorées comme
elles font des honneftes gens:
Car fi ce n'eftoit, comme l'on
dict , que pour le plaifir que
l'on reçoit auec elles que l'on
leur defere tant , les brutaux
feroient ceux qui en feroient
le plus d'eftat. Si ce n'eftoit
auffi qu'en confideration de
ce qu'elles conferuent noftre
efpece , il n'y auroit gueres que
les Philofophes , & ceux qui
meditent fur les principes , &
les caufes vniuerfelles des chofes qui les eftimeroient. Ou
bien encore fi ce n'eftoit que
pour reconnoiftre la peine
qu'elles ont de nous porter

neuf mois dans leur ventre, de
nous mettre au iour, de nous
nourrir, & de supporter les defauts de nostre enfance , &
quelquesfois de tous nos âges,
il semble que nous ne deurions
ces hommages que nous ren-
dons à tout leur sexe , qu'à
nos meres particulierement.
Mais c'est leur vertu propre que nous respectons ; laquelle a dautant plus de char-
mes pour se faire admirer,
qu'elle est accompagnée des
Graces, & comme esclairée
des rayons de la Beauté. En
effect elle n'est en rien differente de celle des hommes ; Et
Plutarque a raison de s'opi-
niastrer à soustenir qu'elle est

Que la vertu des Femmes est la mesme que celle des hom-mes.

Hh ij

toute la mefme; & de le prouuer, comme il fait, par vn grand
nombre d'exemples, où il femble qu'il vueille mettre en com-
paraifon les plus hautes a-
ctions des hommes, auec celles des femmes, & conferer
leurs vies comme des tableaux
copiez d'vne mefme main fur
vn mefme original. Et apres
tout, fi la magnificence (dit il)
de la Reyne Semiramis eft auffi
éclatante que celle du Roy
Sefoftris; Si la prudence de
Tanaquille n'eft pas moindre
que celle du Roy Seruius; Si
Porcie efgale la force du courage de Brutus; Ou fi celle de
Timoclée ne cede point à la
magnanimité de Pelopidas;

pourquoy ne les reuerera-t'on
pas de mesme sorte, & ne les
recompensera-t'on pas de mesmes loüanges? Que s'il s'y rencontre quelque diference, ce
n'est pas en la nature de la Vertu, mais en celle des personnes
qui l'exercent, qui n'estans pas
de mesme humeur, la prati-
quent aussi de diuerse façon.
Achille estoit vaillant d'vne
sorte, & Ajax d'vne autre; La
prudence d'Vlisse n'estoit pas
semblable à celle de Nestor, &
Caton n'estoit pas iuste comme l'estoit Agesilaüs. Irene
aussi n'aymoit pas son mary de
la mesme sorte qu'Alcestis aymoit le sien; Ny Cornelie n'e-
stoit pas genereuse du mesme

air que l'eſtoit Olimpie : Cecy
ne conclud pas pourtant qu'il
y ait ny pluſieurs valeurs, ny
pluſieurs prudences, ny pluſieurs iuſtices, ny que chacune
de ces vertus ſe puiſſe multiplier en diferentes eſpeces :
Mais on peut bien tirer de
tout ce que nous venons de dire, que la generoſité des femmes eſt la meſme que celle des
hommes, & que la diference de
leurs ſexes n'en fait aucune de
leurs vertus. A cela il faut ajou-
ſter, que ſans elles les plus belles Cours du monde demeu-
reroient triſtes & languiſſan-
tes, ſans ornement, ſans ſplen-
deur, ſans joye, & ſans aucune
ſorte de galanterie ; Et faut

Combien les Femmes ſont neceſſaires dans les Cours.

aüoüer que c'eſt leur ſeule preſence qui reſueille les eſprits,
& picque la generoſité de tous
ceux qui en ont quelques ſentiments. Cela eſtant veritable, comme certainement il
eſt, quels hommes aſſez ſtupi-
des pourroient refuſer des reſpects & des honneurs à celles
qui leur donnent de la gloire,
ou du moins qui leur inſpirent
le deſir d'en acquerir ? Or ces
reſpects conſiſtent en vne certaine expreſſion d'humilité, &
de reuerence par geſtes, ou
par paroles, qui teſmoignent
vne extraordinaire eſtime que
nous faiſons des perſonnes enuers qui nous en vſons. Ils s'ex-
priment encore par les actions, *Des ſoins qu'il faut ren-*

air que l'eſtoit Olimpie : Cecy
ne conclud pas pourtant qu'il
y ait ny pluſieurs valeurs, ny
pluſieurs prudences , ny pluſieurs iuſtices, ny que chacune
de ces vertus ſe puiſſe multiplier en diferentes eſpeces :
Mais on peut bien tirer de
tout ce que nous venons de dire, que la generoſité des femmes eſt la meſme que celle des
hommes, & que la diference de
leurs ſexes n'en fait aucune de

Combien
les Fem-
mes ſont
neceſſai-
res dans
les Cours. leurs vertus. A cela il faut ajou-
ſter, que ſans elles les plus belles Cours du monde demeu-
reroient triſtes & languiſſan-
tes , ſans ornement, ſans ſplen-
deur, ſans joye, & ſans aucune
ſorte de galanterie ; Et faut

auoüer que c'est leur seule presence qui resueille les esprits,
& picque la generosité de tous
ceux qui en ont quelques sentiments. Cela estant veritable, comme certainement il
est, quels hommes assez stupi-
des pourroient refuser des respects & des honneurs à celles
qui leur donnent de la gloire,
ou du moins qui leur inspirent
le desir d'en acquerir? Or ces
respects consistent en vne certaine expression d'humilité, &
de reuerence par gestes, ou
par paroles, qui tesmoignent
vne extraordinaire estime que
nous faisons des personnes en-
uers qui nous en vsons. Ils s'ex- *Des soins*
priment encore par les actions, *qu'il*
faut ren-

& il y a mille petits foins, & mille petits feruices à rendre aux femmes, qui eſtans rendus à temps, & fouuent reiterez, font à la fin fur leurs eſprits de plus fortes impreſſions, que les plus importants meſmes, dont les occaſions ne s'offrent que rarement. Ceux qui font amoureux n'ont que faire icy de mes preceptes, puis qu'ils n'ont defia que trop de pernicieux maiſtres en cet art, & ne font que trop inuentifs d'eux-meſmes à cultiuer leur folie. Mais combien eſt à plaindre vne honneſte-femme, de qui la beauté a eu le malheur de faire naiſtre cette paſſion dans vne ame mal compoſée, &

pleine

d'indiscretion & de vanité, qui
sont auiourd'huy les deux
grandes pestes dont la ieunesse
de la Cour est infectée. Les
yeux des Basilics sont moins
mortels & moins à craindre à
la vie des hommes, que les regards des hommes vains ou
indiscrets ne sont à redouter à
l'honneur des honnestes femmes. Ce que i'y voy de plus
pernicieux, c'est que les plus
chastes sont celles qui quelques-fois sont le plustost per-
duës par cette deplorable
voye. Car la reputation ne
consistant, comme elle faict,
qu'en l'opinion, qui se tourne
facilement de bonne en mauuaise, & estant le propre des

Que les plus chastes sont souuent les plus sujettes à la medisance.

esprits vains , de s'attaquer
touſiours aux choſes les plus
releuées : Dés qu'vne belle
femme & qui eſt en eſtime d'e-
ſtre vertueuſe, a laiſſé tóber, &
peut-eſtre en reſuant, ſes yeux
ſur eux ils s'imaginent qu'il y
iroit du leur , de ne faire pas
croire à tout le monde qu'ils
en reçoiuent de bien particulieres faueurs. Ainſi faiſant de
leurs chimeres vne eſpece de
iouyſſance, pour perſuader ce
qui n'eſt point, ils employent
tant d'artifices, que les moins
credules , & les moins ſuſce-
ptibles d'impreſſions ſcanda-
leuſes, ſont bien ſouuent comme contraints de conceuoir
de mauuaiſes doûtes. Ceux

qui font de cette humeur, à
perdre ainfi les femmes, font
bien perdus eux-mefmes auprés d'elles, & ne faut pas qu'ils
en efperent iamais que des
mefpris, quand mefmes d'ailleurs ils auroient toutes les
plus aymables qualitez que
l'on fe fçauroit imaginer. Ils
ont plufieurs autres defauts,
dont quelques-vns font veritablement moins malicieux &
de moindre confequence que
ceux dont nous venons de
parler, mais qui ne les eſloi-
gnent pas moins des bonnes
graces de cet agreable fexe.
Generalement tous les vices
deplaifent à celles qui ayment
la Vertu ; mais particuliere-

Vices odieux en la conuerfation des Femmes.

L i ij

ment elles ne fçauroient fouffrir ny les mefdifans, ny les
blafphemateurs, ny les opiniaftres, ny les refueurs, ny
les fuffifants; ny comme que
ce foit aucune de ces imperfections qui tefmoignent de la
Les Mef- rudeffe d'efprit. Auffi à dire le
difans. vray, que doiuent-elles attendre des mefdifants, que des
calomnies, & vn traittement
d'autant plus rigoureux que
Les Blaf- leur vertu fera plus éclatante?
phema- Et quels refpects fçauroient-
teurs. elles efperer de ceux qui mef-
prifants le Ciel mefme, ofent
bien à tous propos, par des
iurements execrables, violer
l'honneur du facré Nom de
Dieu, & profaner la gloire de

cette fainte, pure & admirable Effence? Que fi elles ayment la douceur de l'entretien &, les humeurs gayes & diuertiffantes, comme certainement elles font, que peuuent elles trouuer dans les efprits opiniaftres & refueurs, que des contrarietez, & de la melancholie, qui leur font fi odieufes & fi difficiles à fuporter? Elles ne fouffrent pas plus volontiers l'orgueil de ces ames enflées de prefomption, & de fauffe gloire, qui n'ont iamais la bouche ouuerte qu'à leurs propres loüanges, & à publier leurs belles actions. Vn Gentilhomme eft bien ridicule qui n'a rien de meilleur à dire, & ceux-là font

Les Opiniaftres & Refueurs.

Les Orgueilleux

bien à plaindre qui font contraints de l'efcouter fouuent.
J'aprouue bien qu'il faffe valoir ce qu'il fçait , & en quoy
il eſt excellent; mais il faut que
ce ſoit par les effects, pluſtoſt
que par les paroles; & par rencontre s'il ſe peut, pluſtoſt que
par deſſein. Combien qu'il ſoit
extrémement bon danſeur, ce
ne ſera pas luy qui donnera le
plus fouuent le bal, ny qui met-
tra la compagnie en branſle
de le deſirer: Mais ſans s'em-
preffer , & ſans auffi ſe faire
prier, il y ira comme les autres,
& comme à vn paſſe-temps
auquel il ne croit pas auoir
plus d'aduantage qu'en tout
autre où l'on ſe voudroit di-

uertir. S'il se fait quelque partie de combattre à la barriere, ou de courre la bague, ou qu'il se rencontre quelque autre occasion de faire paraistre combien il est excellent en tous exercices: Quelque beau gendarme qu'il soit, & quelque adroit qu'il se sente, il s'y trouuera tousiours auec cette agreable froideur, & se contentera de bien faire, sans tesmoigner d'estre bien satisfaict de soy-mesme. Le plus habile homme du monde, quand il se vante de l'estre, n'est qu'vn sot. Rien de tout ce qu'il dit, & de ce qu'il fait, ne plaist à personne, & le trop de soin qu'il a de dóner de l'éclat à ses bonnes

qualitez & de les vouloir faire
paraiftre agreables, ne les ob-
fcurcit pas feulement, mais encore les rend importunes.
Auffi la vanité a cela de commun auec la temerité, qu'outre
qu'elle eft folle & aueugle, elle
eft encore mal-heureufe. C'eft
pourquoy la modeftie me
femble la plus neceffaire de
toutes les vertus qui entrent
en vfage dans la conuerfation
des femmes : La plufpart des
autres ne gaignent que leur
eftime, mais celle-cy leur gaigne le cœur, & acheue ce
que tant de fubtiles adreffes
n'ont que commencé.

Que le
Iugemēt
eft celuy Apres tant de remarques diferentes, pour la derniere &
plus

plus certaine de toutes, il faut qui donne l'ordre à la conduitte de la vie. dire que le Iugement est le maistre de cet Art ; & que de sa bonne ou mauuaise conduite dépend principalement le succez de la fin que nous auons proposée. Toutes les meilleures maximes tombent en confusion si elles ne reçoiuent l'ordre de luy , & aux choses les plus euidentes il ne faut pas laisser de le consulter, aussi bien qu'aux plus espineuses. Mais sur tout parmy les femmes il est comme impossible, sans son secours, que nostre estime fasse aucun progrez: Car estans d'vn esprit vn peu inégal, comme elles sont, si le iugement ne va deuant pour

K k

les reconnoiſtre, ou ſi l'on n'a-
prend d'elles-meſmes les choſes qui les faſchent, & celles
qui leur agréent, il eſt bien dificile de trouuer iamais le ſecret de leur plaire. Si bien que
l'on ne ſçauroit donner aucu-
nes reigles certaines ſur ce ſujet, à cauſe de la grande diference des rencontres, & de l'infinie diuerſité des eſprits. Il
ſuffit de dire, que les preceptes qui entrent en la ſtructu-
re de cet Art ſont bien communs à tout le monde, de la
meſme ſorte que les places,
& les fontaines publiques:
Mais que les Sages s'en ſçauent ſeruir & les accom-
moder à leur vſage particu-

lier châcun felon fa portée, &
la profeffion à laquelle il s'employe. En fin pour terminer
ce difcours , ie conclus apres
tout , que pour faire vn Honnefte-homme accomply , il
faut qu'il ayt tant d'eminentes perfections, que les chofes les plus dificiles luy foient
aifées, & que fe rendant en
quelque façon admirable à
tout le monde , il n'ait luy-
mefme aucun fujet d'admirer
perfonne.

VOILA quels font les
fentiments du plus mauuais
Courtifan de la terre fur cette
fubtile & delicate matiere: Et

DI-
VERS
AVER-
TISSE-
MENTS

K k ij

sur le deſſein de ce traitté.

certes lors que ie conſidere qui ie ſuis, quelle eſt mon humeur, ma conduitte, ma profeſſion, & le meſpris que ie fais de la Cour, i'ay peine à conceuoir comment l'enuie m'eſt iamais tombée en l'eſprit d'eſcrire ſur ce ſujeᷓ. Si i'eſtois de quelque illuſtre naiſſance, & ardent à me produire, pour acquerir quelque ſorte d'eſtime : Si ie me laiſſois tenter de cette folle vanité d'entrer auſſi ſouuent chez les Grands, qu'on me faiᷓ l'honneur de m'y ouurir la porte: Si ie prenois plaiſir à me meſler dans leurs intrigues, & enfin ſi i'aimois le tumulte de ce grand monde, & que i'euſſe

dequoy m'y rendre agreable
seulement par vne partie des
vertus dont ie veux que les autres ayent vne entiere possession , mon dessein treuueroit
peut estre quelque aprobateur
Mais voyát mes defauts comme ie les vois, & connoissant
que ie n'ay que les moindres
qualitez de toutes celles que
i'ay depeintes , ie ne sçay de
quelles raisons assez aparen-
tes on pourra colorer mon en-
treprise,pour la faire paraistre
raisonnable . I'ayme mieux
auoüer franchement que la
faute que i'ay faitte de me
donner cette peine , est encore pire que n'auroit esté celle
de demeurer dans l'oisiueté.

Mais apres tout ,ce qui m'en plaist le plus , & qui me rend si hardy à publier ainsi mes pensées , c'est que nous n'a-uons encore point de loix contre les mauuais Autheurs , & que le crime de mal escrire est demeuré iusques à present parmy nous sans aucun exemple de punition. Mon dessein n'est que de representer plus briefuement que les autres vn homme de bien ,plustost qu'vn de ces adroits Courtisans de ce temps , dont les plus ver-tueuses maximes ne sont pas tousiours innocentes. S'il est mal habile ,c'est que ie le suis: Et si l'on trouue que ie ne luy donne pas assez de bons con-

feils, ie ne treuue pas aufli que
ie fois obligé à luy enfeigner
plus que ie n'ay apris. Ie luy
propofe pourtant affez d'o-
cupation pour vne partie de
fa vie, & m'affeure qu'il n'em-
ploiera gueres de fes heures inutilement, s'il veut s'adonner
à tous les exercices que ie luy
monftre eftre conuenables à
fa profeffion. Auffi eft-ce pluftoft icy vne idée de ce qui eft
poffible, qu'vn exemple d'vne
chofe qui fe voye communé-
ment. Qui n'aura pas affez dequoy acquerir tant de bonnes
qualitez, qu'il fe tienne à ce
qu'il peut, & tafche au moins
d'auoir vne partie des plus
neceffaires, fans fe rebutter.

Ceux qui veulent que de chaf-
que chofe que ie ne fais que
defigner en paffant, ie donne
des preceptes à plein & par le
menu, font vne propofition
qui tefmoigne vne foibleffe de
raifonnement digne de com-
paffion. Quand ie dis qu'vn
Gentilhomme doit eftre bien
à cheual, & qu'il doit fçauoir
bien faire des armes; neft-ce
pas l'auertir d'aller à l'Acade-
mie, & de hanter les Sales, ou
d'auoir chez luy de bons maiftres, pour aprendre d'eux ce
qu'il ne doit pas ignorer? Ainfi
quand ie luy confeille l'eftude
ou de la Politique, ou de la Morale, ou des Mathematiques,
n'eft-ce pas luy dire qu'il life

auec soin les meilleurs Autheurs qui ont escrit de ces belles Sciences, ou qu'il en confere auec les hommes doctes? Voudroit-on point que i'enflasse mon Liure *du Maneige Royal, & du noble ieu de l'Escrime* ; & que i'y misse encore des lieux communs de toute l'Histoire, & les figures de tous les instruments de Geometrie? De mesme, lors que ie l'introduits aupres du Roy & des Grands, faudroit-il point aussi que ie luy fisse des harangues & de beaux discours pour châque iour de la semaine, auec vn petit traitté de la Ciuilité puerile ; afin qu'il fust muny dequoy faire bien

fa Cour? N'eſt-ce pas aſſez de m'eſtre engagé à monſtrer le chemin, ſans que l'on veuille encore m'obliger à le faire? Quoy qu'il en ſoit, i'ay mis dans ce petit ouurage ce que i'y croyois eſtre de plus neceſ-ſaire, & en ay retranché, au-tant qu'il m'a eſté poſſible, ce que ie iugeois eſtre ſuperflu. I'y ay meſlé mes opinions auec celles des Anciens & des Mo-dernes, & taſché de m'arreſter aux plus ſaines, & aux plus conformes à la raiſon. S'il fal-loit maintenant demeſler ce que i'ay pris d'eux, pour en faire la reſtitution, iauoüe que ie l'ay tellement engagé & con-fondu dans le mien propre, que ie ne le pourrois plus reconnoiftre pour l'en feparer. Mais cette peine feroit fi inutile, & il m'importe fi peu que l'on croye que i'inuente, ou que i'imite, que pluftoft que d'endurer la queftion, ie fuis tout preft de confeffer que les bonnes chofes que l'on remarquera dans ce difcours ne font, fi l'on veut, que purs larcins; Que les mediocres ont efté mal copiées fur de bons originaux; Et que les mauuaifes, qui s'y trouueront en beaucoup plus grand nombre que les bonnes, font toutes de mon creu & de mon inuention. Que les Cenfeurs le dechirent s'ils n'ont affez de le re-

prendre, ie leur promets de ne
m'en mettre non plus en colere, que quand ie vois battre
mes habits pour en faire fortir la pouffiere.

F I N.

SOMMAIRE
DES MATIERES
CONTENVES · DANS
CE TRAITTE'.

TABLEAV DE LA COVR. *pag.* 1.

Le Roy, les Princes & les Grands.
pag. 2

Les Mediocres. *pag.* 3

La Fortune, & les vices qui la
suiuent. *pag.* 3

Le sujet dece discours. *pag.* 6

Des Preceptes, de leur vtilité, & de leur foiblesse.
pag. 6

DE LA NAISSANCE. *pag.* 7

Des auantages de la Noblesse. *pag.* 8

De l'heureuse naissance, de la mauuaise & de la me-
diocre. *pag.* 12

De la profession du Gentilhomme, qui doit estre celle
des armes. *pag.* 15

Qu'il doit estre homme de bien. *pag.* 16

LI iij

TABLE.

Qu'il doit eſtre ſoigneux de la conſeruation de ſon honneur. pag. 17

Des querelles. pag. 19

Contre les querelleurs. pag. 19

De l'intelligence des querelles. pag. 19

Contre la vanité & la Fanfaronnerie. pag. 22

DE LA DISPOSITION DV CORPS. p. 24

Des exercices du Corps. pag. 26

Des Ieux de hazard. pag. 28

Contre les Ioüeurs. pag. 29

De la Grace naturelle. pag. 32

De l'Affectation & de la Negligence. pag. 34

De la Negligence affectee. pag. 36

De l'affectation de la Beauté. pag. 38

Contre les Femmes fardées. pag. 39

DES QVALITEZ DE L'ESPRIT. p. 40

Que la vertu eſt plus aymable, & le vice plus odieux aux Grands qu'aux autres. pag. 41

Des auantages de la Vertu. pag. 42

Des moyens de l'acquerir, & particulierement des bonnes lettres. pag. 44

Du meſpris qu'en font les Gentils-hommes. pag. 44

De leur excellence & combien elles ſont vtiles & conuenables à la Nobleſſe principalement. pag. 46

Des ſciences qu'vn Gentilhomme ne doit pas ignorer. pag. 49

Des queſtions de Philoſophie. pag. 49

Des Matematiques. pag. 50

TABLE.

De l'Oeconomie   pag. 51

De la Politique, de la Morale & de l'Histoire. p. 51

Du choix des Historiens.   pag. 51

Iugement des meilleurs Historiens   pag. 52

De l'experience & du iugement.   pag. 59

Qu'il est necessaire de sçauoir bien escrire en prose. p. 63

De la Poësie.   pag. 63

De la Peinture & de la Musique.   pag. 65

DES ORNEMENTS DE L'AME, & de la vertu Chrestienne.   pag. 66

De la Religion, & de la Foy.   pag. 66

Contre les Athées.   pag. 67.

Des autres vertus en general.   pag. 68

De la crainte de Dieu.   pag. 68

DE LA VIE DE LA COVR, & de ses épines.   pag. 70

De la seruitude.   pag. 71

Des fatigues.   pag. 72

Des inquietudes.   pag. 72

De l'ambition, de la crainte & de l'esperance. pag. 73.

Des soins ambitieux.   pag. 74

De la tranquilité de la vie.   pag. 74

Qu'un homme de bien peut viure dans la corruption de la Cour sans en estre souillé.   pag. 75

De la fin que l'homme de bien se doit proposer dans la Cour.   pag. 76

Contre les Courtisans auares & ambitieux.   pag. 80

Que la vertu doit estre exercée.   pag. 82

TABLE.

Que les plus sages sont les plus obligez à suiure la Cour. pag. 86

MAXIMES que doit obseruer celuy qui n'a iamais veu la Cour, pour y aborder. pag. 87

Du choix d'vn Amy. pag. 87

Du moyen d'acquerir des Amys. pag. 91

Contre les Fourbes. pag. 93

DIVISION DE LA VIE, en Actions & en paroles. pag. 94

Des actions, de la Valeur, & de la conduitte du courage. pag. 95

De la Modestie & de la franchise à obliger. pag. 97

Des bons Offices. pag. 98

De la liberalité. pag. 100

Le Prodigue, l'Auare, & le liberal. pag. 102

Des presents. pag. 103

Des autres actions en general. pag. 106

DES PAROLES, qui sont la seconde partie de la diuision de la vie. pag. 108

De l'vsage des paroles. pag. 108

DE L'ENTRETIEN DV PRINCE. p. 109

De la premiere entrée du Gentilhomme chez le Roy, & quel doit estre son abord. pag. 110

De son affection à le seruir. pag. 111

Quel doit estre son obiect. pag. 111

Ce qu'il doit obseruer en parlant à luy. pag. 113

Ce qu'il doit obseruer pour luy estre agreable. p. 114

Ce qu'il doit obseruer depeur de luy desplaire. p. 116

Contre

TABLE.

Contre les Flatteurs. 122

De ce qu'il faut obseruer en demandant à son Mai-
stre. pag. 125

Qu'il faut fuyr de se rendre importun dans ses plai-
sirs & de luy estre à charge. pag. 126

DE LA CONVERSATION DES EGAVX.
pag. 127

De celle des Amys. pag. 128

Des fautes qui s'y commettent. pag. 129

Malheurs qui suiuent les faux Amis. pag. 131

De l'estime, & du moyen de la gaigner. pag. 133

Que les esprits iudicieux ont moins d'éclat que ceux
en qui la memoire & l'imagination abondent.
pag. 134.

De l'Opinion, son aueuglement, & sa tyrannie. p. 138

Exemples sur ce suiect. pag. 139

DE LA CONVERSATION DES
GRANDS. pag. 150

De leur courtoisie, & de l'estat qu'ils font des hon-
nestes gens. pag. 152

De l'honneste respect. pag. 154

Des respects importuns. pag. 155

Contre les opiniastres faiseurs de compliments. pag. 155

De l'égalité d'humeur. pag. 158

Des bonnes habitudes, & des connoissances honnestes.
pag. 160

Des auantages qui reuiennent de l'estime des Grands.
pag. 162

Mm

TABLE.

MAXIMES GENERALES de la conuersation.   pag.163

Qu'il faut vaincre ses passions & ses humeurs.
     pag.163

De la souplesse & moderation d'esprit,   pag.165

De la rudesse & opiniastreté d'esprit.   pag.S66

Reigles generales de la complaisance.   pag.168

Qu'vn Honneste homme s'acommode à toutes sortes
d'humeurs.   pag.169

De la douceur qui se trouue en la conuersation des
honnestes gens.   pag.174

Contre les grands Parleurs.   pag.175

De la difficulté de se taire.   pag.176

Des incommoditez que donnent les grands parleurs.
     pag.178

Impertinences & vices ordinaires des grands parleurs.   pag.180

De la difficulté qu'ont les hommes à conseruer les secrets qui leur sont communiquez.   pag.183

Exemple sur ce suiect.   pag.184

ELOGE DES HONNESTES GENS.
     pag.178

De leur prudence.   pag.189

De la conduitte de leur langue.   pag.190

De leur ciuilité.   pag.191

De leur familiere communication.   pag.192

De la douceur de leur esprit.   pag.192

De leur façon de debiter ce qu'ils sçauent.   pag.194

TABLE.

De leur modestie à iuger & à parler d'eux-mesmes.
pag. 195

De leur galanterie. pag. 196

De leur Probité. pag. 196

Contre les Menteurs & les pariures. pag. 197

Malheurs que cause la perfidie. pag. 190

DE LA RAILLERIE. pag. 200

Que la douce & honneste Raillerie anime la conuersation. pag. 201

Que pour peu qu'elle soit opiniastrée elle est dangereuse. pag. 203

DES BONS MOTS, & de leur excellence.
pag. 205

Des choses qu'il y faut obseruer. pag. 207

Qu'il y faut éuiter la bouffonnerie. pag. 208

Qu'il y faut éuiter l'aigreur. pag. 208

Qu'il ne faut attaquer de brocards, ny les miserables, ny les meschans, ny les honnestes gens. pag. 211

Ny les Grands. pag. 211

Ny soy-mesme. pag. 213

Ny ses Amys. pag. 213

Ny les honnestes Femmes. pag. 213

Des reigles des bons mots. pag. 214

DE LA DIFFERENCE DES âges, des mœurs, & des autres conditions qui se doiuent obseruer en la conuersation. pag. 215

De quelle sorte un Honneste-homme se sçait demesler d'entre ces differentes humeurs. pag. 218

TABLE.

Dernier precepte de la conuersation des égaux. p.219

DE LA CONVERSATION des Femmes. pag.220

Description du Cercle. pag.221

Les Reynes & les Princesses. pag.223

Les Dames. pag.224

Les Filles d'honneur. pag.224

De la conuersation du Louure, & de ses incommoditez. pag.225

Du choix qu'il faut faire à la ville. pag.226

De la presence exterieure. pag.228

Des habits. pag.229

De la mode des habits & de leur assortissement. p.230

Contre les inuenteurs de modes extrauagantes. p.231

De la propreté des hommes. pag.232

DE L'ACTION, qui est l'ame des paroles. pag.234

Du ton de la voix. pag.235

De la bonne mine. pag.236

Des mouuements du visage. pag.236

Du geste. pag.237

Qu'il faut respecter les Femmes. pag.239

De la complaisance parmy les Femmes. pag.240

Raisons pourquoy l'on doit honorer les Femmes. p.241

Que la Vertu des Femmes est la mesme que celle des hommes. pag.243

Combien elles sont necessaires dans les Cours. pag.246

Des soins qu'il leur faut rendre. pag.247

TABLE.

Contre les vains & les indiscrets. pag. 248

Que les plus chastes sont souuent les plus suiettes à la medisance. pag. 249

Vices odieux en la conuersation des femmes. pag. 251

Les Medisans. pag. 252

Les Blasphemateurs. pag. 252

Les Opiniastres, & les Resueurs. pag. 253

Les Orgueilleux. pag. 253

Que le Iugement est celuy qui donne l'ordre à la conduitte de la vie. pag. 256

DIVERS AVERTISSEMENS SVR LE SVIET DE CE TRAITTE. *pag.* 257.

FIN DE LA TABLE.

PRIVILEGE DV ROY.

LOVYS PAR LA GRACE DE DIEV ROY DE FRANCE ET DE NAVARRE. A nos amez & feaux Conseillers les Gens tenans nos Cours de Parlemens, Baillifs, Seneschaux, Preuosts ou leurs Lieutenans, & autres nos Officiers & Iusticiers qu'il appartiendra, Salut. Nostre cher & bien amé le Sieur FARET nous a remonstré qu'il a composé vn Liure intitulé *L'Honeste-Homme, ou l'Art de plaire à la Cour.* Qu'il desireroit faire imprimer & mettre en lumiere, mais il craint qu'autres le voulussent faire, s'il n'auoit sur ce nos lettres qu'il nous a supplié luy accorder. A CES CAVSES, desirant le fauorablement traitter, luy auons permis & octroyé, permettons & octroyons par ces presentes faire imprimer, faire vendre & distribuer par tel Libraire ou autre que bon luy semblera ledit Liure durāt le temps de six ans, à commencer du iour qu'il sera acheué d'imprimer, pendant lequel nous faisons tres-expresses inhibitions & defenses à tous autres de l'imprimer vendre & distribuer sans le consentement dudit Exposant, ou de ceux à qui il aura transporté le present Priuilege, qui auront charge de luy, à peine de confiscation desdits liures, & de ceux qui se trouueront contrefaits, & de trois mil liures d'amende, dont vn tiers nous appartiendra, l'autre au denonciateur, le troisiesme audit Exposant ou celuy qui sera en son lieu & place. Et outre ce en tous despens, dommages & interests. A la charge de mettre ou faire mettre deux exemplaires dudit liure en nostre Biblio-

theque publique, à peine d'estre décheu dudit Priuilege. Si vous mandons que du contenu en ces presentes vous fassiez iouyr & vser ledit Exposant, ou ceux
qui auront charge de luy, pleinement & paisiblement,
sans permettre qu'ils soient troublez en quelque façon que ce soit. VOVLONS en outre, qu'en
mettant au commencement ou à la fin de chacun
desdits liures, copie dudit Priuilege, ou vn bref ex-
traict d'iceluy, foy soit adioustée & tenu pour deuë-
ment verifié : CAR TEL EST NOSTRE PLAISIR.
Donné à Lyon le vingtiesme iour d'Aoust l'an de
grace mil six cens trente. Et de nostre Regne le
vingtiesme.

PAR LE ROY EN SON CONSEIL.

RENOVARD.

A la relation de Monsieur d'Irual,
Maistre des Requestes.

Et ledit sieur FARET depuis le present Priuilege ob-
tenu, declara qu'il cede la moitié du tiers à luy adiugé de
l'amende, à l'Hostel-Dieu de Paris.

Et outre ce ledit sieur FARET a cedé & tranf-
porté le present Priuilege à TOVSSAINCT DV BRAY,
Marchand Libraire à Paris, pour en iouyr, aux conditions dont ils ont accordé entre-eux pardeuant Notaires.

Acheué d'imprimer le Ieudy 14. Nouembre 1630.

Quelques-vnes des fautes furuenuës en l'impreßion.

Affection *lifez* Affectation	page 35. ligne 3.
Il *lifez* ie	page 52. ligne 12.
toute enfemble *lifez* tout	page 80. ligne 19.
Pour le bien *aioustez* public	page 98. ligne 15.
ces vers *lifez* ce vers.	page 143. ligne 20.
tant magnificence *lifez* tant de	page 159. ligne 20.

www.ingramcontent.com/pod-product-compliance
Lightning Source LLC
Chambersburg PA
CBHW070743270326
41927CB00010B/2076